恐怖箱

亡霊交差点

加藤　一
編著

竹書房
怪談
文庫

※本書に登場する人物名は、様々な事情を考慮してすべて仮名にしてあります。また、作中に登場する体験者の記憶と体験当時の世相を鑑み、極力当時の様相を再現するよう心がけています。現代においては若干耳慣れない言葉・表記が登場する場合がありますが、これらは差別・侮蔑を意図する考えに基づくものではありません。

巻頭言

箱詰め職人からの御挨拶

加藤 一

本書『恐怖箱 亡霊交差点』は、乗り物に因《ちな》んだ怪談集である。

我々の日常は概ね移動によって成り立っている。職場に向かうため車のハンドルを握り、或いは学校までの道程をバスに乗り込み、最寄り駅から電車に乗り、自転車のペダルを漕いだり、バイクのアクセルを開いてみたり、飛行機や船で知らない土地へと飛び立ったり。

そして、路上は怪異に満ちあふれている。人里離れた心霊スポットまでドライブするには車が不可欠である。花束やペットボトルが置かれた交通事故現場を見るだに、怪異幽霊が執着するスポットは、生きた人間が引き起こす事故によって、日々人為的に生み出されている――ということを再発見するかもしれない。

乗り物は怪異の元に我々を連れ出し、また同時に人ならぬ者どもの現世への執着を生み出すものでもある訳で、人の生み出した装置としてこれほど業の深いものもあるまい。

本作では、お馴染みの著者陣に「乗り物、道、交通に関する怪談を」とだけお願いした。

読者諸氏は、本書読後に改めて思い出すことになると思う。怪異の在処は特別などこかでなく、あらゆる乗り物に乗って移動し続ける、我々の日常のそこかしこであったことを。

目次

羽ばたき

田辺さんが高校生の頃、彼は田んぼの中を通る単線の汽車で通学していた。

いつも始発に乗るため、一人だけぽつんと無人駅で汽車を待ち、昇る朝日を見ながら誰も乗客がいない汽車に乗り込むのが常であった。

その日も汽車の窓からぼうっと景色を眺めていた。

まぶしく光る朝日、一面の田園とその向こうに広がる山々。

その田んぼの上空にきらきらしたものが飛んでいた。

朝日を反射して金属質の光を帯びて銀色に輝く、巨大な二枚の翼だった。

恐ろしく大きい。五メートルは軽く超えているだろう。

その翼の下に、人の下半身が出ている。

上半身はなく翼の根元に腰から下が生えている。

その白い素足はびくびくと痙攣《けいれん》している。

不自然に力が籠もり、膝ががくがくとめちゃくちゃに曲がる。

ぴんとつま先まで突っ張ったかと思うと、ぶるぶると大きく波打つように震えている。

まな板の上で暴れる魚のように、空中を素足がかき回す。

田辺さんはかつて衝撃的な動画としてインターネットで見た、サッカーの試合中に脊椎《せきつい》が損傷して不自然な動きを繰り返す選手のことを思い出した。

まともな動きではない。

しかし、翼は下半身の動きとは無関係のように朝日を浴びて金属的な銀色に輝きながら優雅に羽ばたき続ける。

目を離せずにじっと見つめていると急に暗くなった。

トンネルに入ったのだ。

抜けた先の景色はいつもと変わらぬ里山の風景だった。

真夏の旅客機

僕が小学生のときだった。

真夏日、太陽光が見えそうなほどの焼け付いたグラウンドで僕ら生徒は校舎のほうを向き、先生の動きに合わせて準備体操をしていた。

突然、巨大な旅客機が校庭の裏山のほうから校舎を越えてすっと姿を現した。

「ジャンボジェット機だ！」

空を覆い尽くすほど大きく、飛行機の影で暗くなったグラウンドで僕らは一斉に声を上げた。

——しかし、校舎の屋上に機体を擦りそうなほどの極端な低空飛行だった。

こちらからコクピットや客室の窓ガラスまでがはっきりと見える。

白いボディに青いラインのある機体だった。

飛行機は向こうの空へ飛んでいき、やがて見えなくなった。

大人になるにつれて旅客機のことを思い返すと、気になる点がある。

学校の裏手は山で、周りは住宅地。あれほどの低空飛行で飛べるはずがなく、ましてやジェットエンジン付きの飛行機だ。あのような飛行は不可能なはず。

思い出すと、旅客機が僕らの頭上を過ぎるときに全く音がしていなかった。

轟音を立てるはずの機体は無音のまま飛び去っていったのだった。

僕だけでなく、未だにあのときの旅客機のことを覚えている友人達もいる。

彼らも機体に入った青いラインの曲がり加減やその色合いまではっきり覚えている。

あの真夏日に見た旅客機は何だったのだろう。


ふと思い立ち、機体の容姿を余りにはっきりと覚えているため、記憶と適合する旅客機が現実に存在するのではないかと探すことにした。

インターネットで「旅客機」と画像検索し、ひたすら写真をクリックしていった。

ある写真で指が止まる。

イギリスのとある旅客機を写した写真だった。機体の細かい所までも寸分違わぬものだった。

しかし、調べたところ僕の通っていた小学校を通るイギリスの国際便の航路は存在しなかった。

打ち上げ

静岡県在住の山岡さんは高校の数学教師である。三十年近く前、ある都市で泊まりがけの教職員研修が実施され、彼も出席した。

その最終日のこと。

彼は電車に乗って、近隣の学校の教師達と地元の駅まで帰ってきた。そしてまだ明るい時間帯だったが、打ち上げをやることになった。

メンバーは四人。駅の近くに大きなビルがあり、最上階に展望の良いレストランがある。彼らは窓際の席に着いてビールを飲み、ソーセージやパスタを食べ始めた。

店に入って三十分ほど経った頃、教師の一人が窓のほうを指差した。

「あれ、何だろう?」

窓に背を向けて座っていた山岡さんが振り返ると、殆《ほとん》ど雲のない青空を奇妙な飛行物体が横切ってゆくのが見えた。

碗を伏せたような形で、下部の縁《ふち》に大きな環《わ》が付いている。金属でできているのか、全体が銀色に輝き、円い窓が幾つかあって、長方形をしたドアらしきものも付いていたという。

「気球や飛行船のような柔らかい感じじゃなくて、硬い素材でできているように見えました。レストランの窓からは何百メートルも離れていたんじゃないかなぁ……。それでいて、窓やドアまではっきりと肉眼で確認できました。だから、よく見かける数人乗りのヘリコプターなどよりも、もっと大きなものだったと思うんです」

と、山岡さんは証言する。

四人が騒ぎながら見守っていると、飛行物体は一度、空中で完全に停止した。十秒ほどで再び動き出して富士山のほうへ飛んでゆき、山の中腹付近の上空で突然、消えてしまったという。

「現れてから消えるまで、一分ちょっとの出来事でした。……見失った訳じゃなくて、最後は本当に消えたんですよ。酒を飲んでいたと言っても、まだほろ酔いの手前ぐらいの状態で、他の三人も見ていたんですから、目の錯覚ではないでしょう」

山岡さん達は飛行物体の話で盛り上がり、二時間余りを店で過ごして解散した。

ところが、機嫌良く自宅へ帰ってくると、妻がいない。

固定電話に留守番電話が入っていた。メッセージを聞いてみると、妻の妹からであった。

山岡さんが留守の間、自宅には妻の妹が遊びに来ていた。そして二人で買い物に行ったところ、信号を無視した車に妻が撥ねられたのだという。

当時はまだ携帯電話が普及していなかったので、連絡が付かなかったのである。山岡さんは慌てて妻が運ばれた救急指定の病院へ向かった。

不幸中の幸いで、妻は腕の骨を折ったものの、生命に別状はなかった。

ただ、山岡さんが奇妙に思ったのは、妻が事故に遭った時刻であった。どうやら山岡さんが他の教師達と例の飛行物体を目撃したのと、ちょうど同じ頃だったらしい。

「このときは、不思議なこともあるものだなぁ、と思った程度でした。ところが、一カ月ぐらい経った頃かな、打ち上げをやった別の学校の教師から電話が掛かってきたんです」

電話の内容は「その後、元気か？」という挨拶から始まったが、やがて、

「そういえば、打ち上げをやった日に山岡君の家では変なことが起きなかったかい？　うちは大変なことがあってね……」

五歳の息子が近所の神社で木登りをして落下し、参道の敷石に頭を打ちつけて大怪我をした、というのだ。

「頭が割れて血だらけになったから、女房は死ぬんじゃないかと心配して、大騒ぎだった。

暫《しばら》く入院して、今は元気になったけどな」

その事故が起きた時刻が、ちょうど例の飛行物体を目撃した頃だと分かった。

「しかも、それだけじゃないんだ。実はね……」

別の教師の家では、同日に父親が急病で倒れていた。何とか生命は助かったが、やはり一時は大騒ぎをしたらしい。それもまた、飛行物体が現れたのと同じ頃に起きていたという。

もう一人の家は無事に済んだが、四人のうちの三人の家で同時に災難が起きていたことが分かり、山岡さんはますます不思議に思った。

そしてあの飛行物体のことが、何やら恐ろしい存在に思えてきたそうである。

月の裏

妻から聞いた話である。

妻は高校生の頃、原付きに乗って通学していた。

ある帰り道のこと、原付きで田園を通る道をいつものように走っていた。

既に日は暮れて、街灯が少ないため暗く、ヘッドライトの灯りが田舎道を照らしていた。

妻はふと、空を見上げた。

空には満月が煌々《こうこう》と輝いている。

雲が月の両側から出ている。月の裏にある。

雲が綺麗に月の間だけ切れているのか？

そうも思ったが、雲は月の裏側を通ってするすると風に流されていく。

満月は変わらず山の上にぽっかりと浮かんでいた。

日本海岸、スーパーカブ

日本海に面した街で生まれ育った、佐藤さんの話である。
彼女は今でこそ落ち着いた大人の女性であるが、高校生当時はそれなりだったらしい。
たまり場に毎晩のように集まって、テレビゲームに興じたり酒を飲んだり。
当時、仲間内で流行っていたのが、スーパーカブであった。
新聞配達でよく使われているあの原付バイクである。
彼女のお兄さんが使っていたものを譲り受け、深緑色のそれをみんなで乗り回した。
シートに荷台に、運転者の膝の上にしがみつき、何人乗れるか試したり。
海に向かってスロットル全開、何処までブレーキを我慢できるか競ったり。

その日はお客が多く、バイト先を出るのが随分遅くなったそうだ。
スターターペダルをキックする直前、彼女は一瞬頭を悩ませた。
いつも通り国道を走って帰るべきか、最短ルートの町道を行くべきか。
町道を走れば一本道で、信号にも引っかからずに済むのだが——。

その道は火葬場の前を通るのだ。普段強気で通している彼女とはいえ、内心は怖い。けれども、早く家に帰りたい気持ちが勝った。


何処までもまっすぐな一本道である。警察もいない。スロットル全開である。

この辺りには人家もなければ街灯もない。左右に連なるは、畑と防風林ばかり。

行く先を仄かに照らすヘッドライトだけを頼りに、風を切る。

あみだに被った半キャップのヘルメットからはみ出した髪は逆立ち、耳鳴りするほどのエンジン音が頭の中をぐわんぐわんと反響する。

ああ、そろそろ火葬場の真横を通り過ぎる。黒々とした松並木がふと途切れる場所に、白木の看板が立っている。そのすぐ奥にこそ、コンクリート製の陰気な箱が横たわる。

意識するまいと思えば思うほど、目がそちらに吸い寄せられてしまう。


――！


突然何かが、路肩の茂みから飛び出した。

白い影。四つ足の、しかし猫やタヌキよりももっと大きな。

強いて言うなら、大人の人間が手足を地に着け這っているかのような。

反射的にブレーキを握り締める。右足がブレーキペダルを踏みつける。

急制動に耐えかねた車体がぐらぐらと揺さぶられ、バランスを失い転倒する。
バリバリバリバリ。車体がアスファルトに削られる不快な音を、自身も半身を抉《えぐ》られながら彼女は聞いた。

「ああ、あの道。……やっぱりっすか」
包帯でぐるぐる巻きにされながら体験談を語った彼女に、後輩の一人が言った。
――先輩が事故った前の日、俺、買い物行くのにカブ出したじゃないっすか。
早く買ってこいって先輩達言うし、帰りは近道したんすよ。ええ、例の道っす。
火葬場の真ん前の辺りで、どすんって、何かがカブに飛び乗って。
途端に車体が重たくなって……どんどんスピードが落ちていって……。
前に三人乗りしたじゃないっすか。あんな重さで。
あそこ、絶対なんかいますって。もうカブで通らないほうがいいっすよ。

庄内沖、水上バイク

棚橋さんの地元である山形県庄内地方の海岸では、離岸流がよく観測される。

離岸流というのは、岸に打ち寄せた海水が沖合へ戻る際に生じる潮流のことである。

局所的に発生し、なおかつ流れが速い。故に水難事故の原因として恐れられている。


まだ高校生だった頃。

夏。いつものように棚橋さんは、自宅の裏に広がる砂浜へ駆けだした。

田舎はすることがない。浮き輪を片手に、海を揺蕩《たゆた》うぐらいしか。

ざぶん。沖合を行く船の曳《ひ》き波か、不意に大きなうねりがやってきた。

身体を飲み込まれた調子に、浮き輪から手が離れた。浮き輪はそのまますするすると、沖へ向かって動き始めた。取り戻そうとして、底を蹴って身を躍らせた。

あっ、と思ったときには遅かった。すぐ脇に潜んでいた離岸流に入ってしまったのだ。

一度流れに飲まれてしまうと、勢いが付いてぐいぐいと引かれていく。

綱引きに負けたときのようだ、と棚橋さんは思った。

しかし、浮き輪は取り戻したい。買ったばかりなのである。幸い、泳ぎに覚えはあった。このまま一旦沖まで一緒に流されてしまおう。沖まで出れば流れは弱まるから、浮き輪を取って帰ろう。

天頂に達した太陽はじりじりと照りつけ、紺青色の凪の海が彼方まで広がっている。既に遠くなりつつある浜辺では、指先ほどの大きさになった人たちがこちらを指差して何事かを大声で叫んでいる。

風に乗って「警察」「海上保安庁」という言葉が切れ切れに聞こえてくる。

そんなに心配してくれなくても大丈夫だよ、と棚橋さんは手を振った。

——ねえこれ、君の？

突如降ってきた声に、棚橋さんは思わず海水を飲みかけた。

振り返ると、黄緑色の水上バイクに、水着を着た二人組がまたがっている。

ほどよく日焼けをした男がハンドルを握り、後ろに乗る色白で髪の長いお姉さんの手には浮き輪があった。青くてキャラクターの絵が描かれた——自分のものだった。

「あ、はい、そうです。ありがとうございます」

綺麗なお姉さんの露出の多い肢体に、返事が妙に強張《こわば》った。

ともあれ、戻った浮き輪に身体を通して一安心である。

ありがとう、ともう一度顔を上げたときには、そこには誰もいなかった。

茫洋とした海原に、ぽかんと一人で浮かんでいた。


夜。棚橋さんの家に、思わぬ来客があった。

長閑《のどか》な田舎町には似合わぬ、警察官が二人、立っていた。

「君、今日海へ行ったときに、この人たちを見なかったかな?」

差し出された写真に写っていたのは、昼間出会ったあの二人組であった。

何事かと思いつつ、棚橋さんは説明した。浮き輪が流されたこと、この人たちが拾ってくれたこと、そして気付いたときには何処にもいなかったこと。

「ちょうど君が浮き輪を流したのと同じぐらいの時間にね」

メモを取り終えた警察官が、言葉を選びながら言った。

水上バイクの事故があったこと、浜辺の観光客から通報がありすぐに捜索を始めたが、乗っていた男女が行方不明になっていること。

一カ月後。二百キロ以上離れた青森県の沖合で、お姉さんだけが見つかった。

「だから、今でも不思議に思うんです。あの二人組……、あのとき生きてたんですかね」

ニュータウンの怪

今から約十五年前、私は関西のとある物流倉庫でアルバイトをしていた。

そこはオフィス用品を多く扱う大手通販会社の要《かなめ》となる倉庫の一つで、相当な面積があった。

取り扱うアイテム数に比例して当然働き手も多かった訳だが、正社員はほんの数名で、他は昼夜勤含めた全ての労働者が、派遣会社数社からのアルバイトか契約社員だった。

港沿いの倉庫だったため、埋め立て地に建つ新興住宅街「ニュータウン」に住む者が、働き手に多かった（エリアが狭いので風評被害を避けるため公的な地名は秘す）。

そこに住む若者達には、かつては「ヤンキー」とでも呼ばれそうな輩が多かったものの、時代柄、ストリートファッションに身を包んだ彼らの風体はヤンキーから程遠い。

では、どの辺りがヤンキーっぽかったかというと、そのライフスタイルこそが肝要であった。

当時私はまだ「怪談作家」という肩書きを背負っていなかったが、「変な話を好む人」として、なかなかに倉庫内の若い男性陣から親しまれたり、気味悪がられたりしていた。

そういう訳で、その頃に倉庫の若者達から聞いた談話を幾つか紹介する。

海沿いのニュータウンに住む若者達の生活とともに、怪異を楽しんでほしい。

ボート

工場や倉庫が建ち並ぶ海沿いは、しっかりとした舗装と整然とした区画整理が存在する割には、辛うじて何軒かのコンビニがある程度で、住居は一つも見当たらなかった。

若者達からするとその環境は、近隣を気にせず騒いでよし、誰に迷惑を掛けることなく動き回ってよしの、格好の遊び場といえた。

彼らはバイトを終えた後の夜、とりあえず集まるのだ。


その三人は何となく堤防のほうまで足を伸ばした。

道路側の広場では、ＢＭＸで曲乗りをする者やドラムセットを持ち込んで、ひたすらリズムを刻んでいる者がいた。

三人は他愛のない会話をしながら、海に近付いた。

夜の海は何百回見ても見飽きない。

二十四時間稼働する企業も珍しくないので、何時になろうと、ここいらの海はさほど暗くはない。

三人は階段を上がり、地上から高さ一メートルほどの堤防に立った。

見ると海面は二メートルほど下にあり、チャプチャプと波が堤防にぶつかる音が聞こえた。

「あっ」

一人が真下の海を指差した。

「ボートやん」

大人が二、三人ほど乗れそうな古びた木製のボートが、堤防にぴったりとくっついて浮かんでいた。

「漂流したんかな」

「かもしれへん。しかし汚いボートやな」

「そうやな……まあええわ。乗ろうや」

一人がそう提案した。

つまりは堤防から飛び降りて、下のボートに着地しようという意味だった。

「マジで？　乗ってどうするん？」

「あんなん古いのん、エンジンもオールもないんやで？」

二人は笑いながらそうツッコミを入れていたが、内心ではもうやる気でいた。

「何とかなるやろ。とりあえず乗ってみようや」

提案した彼は一度しゃがんだあと、ぴょいと堤防からジャンプした。

ぼちゃーん。

ボートへの着地は失敗した。

それもそのはず、先ほどまであったボートが影も形もなくなっていた。

「結局落ちたやん！」

「ボート、何処いってん！」

落ちた彼は暫く立ち泳ぎをしながら、「冷たっ！　これはあかん！」とボヤいた後、二百メートルほど泳いで、岸へ辿り着いた。

「それボーッとしてて、流れていったのに気が付かなかっただけちゃうん？　ボートだけに」

誰に「急に消えた。ちゃんと見た」と説明しても、三人はそう言われた。

スケボー

その晩も五人余りの若者が集まっていた。

彼らは前述したＢＭＸやスケボーなど所謂《いわゆる》「エクストリームスポーツ」を好んでいた。

健康な身体と有り余る時間があり、用品は先輩後輩ら仲間内から安価で譲ってもらえるので、自然とその文化が根付いたようだった。

ボートに飛び降りようとした彼らも、身体に自信があった故のことである。

「喉渇かへん？」

「せやな。ジュースじゃんけんの時間やな」

彼らはいつも、じゃんけんをして負けた者が人数分のジュースを奢《おご》る「ジュースじゃんけん」なることをしていた。

一同が円になり、じゃんけんが行われる。

数度のあいこが続き、決着が付くと一人が悔しそうにしながら自転車でコンビニへ向かった。

他の者は地面で胡座《あぐら》をかき、ジュースが届くまでの間、車座になって馬鹿話に興じた。

「うちの倉庫に可愛い子入ってん」

「マジで？　ええな。今度、一緒に呑もうや」

「俺も混ぜてや」

そんな会話をしていると、彼らから少し離れた場所から、ガラガラガラーと乾いた音が響いた。

反射的に皆が音のするほうを見ると、スケボーが音を立てて一直線に進んでいた。

「おお。何や何や」

「誰かおるんか」

その光景を見た数人は人為的なものだろうと高をくくって様子を眺めたが、スケボーが惰性で止まることなく、堤防に向けてどんどん進んでいくにつれ、違和感が高まった。

「おい！　何や、あいつ！　バリやばいやん！」

残りの数人は、スケボーに乗る一人の男を見た。

「あれ、落ち武者やん！」

一人がそう言った。

「ちゃうやろ！　頭おかしい奴やって！　こわっ！　何なん！」

「誰も乗ってないやろ！　何を言うてるん！」

光景の描写は、その場では結局合わなかったものの、後に「スケボーが堤防に行き着く前にピタリと止まった」という部分では意見が揃った。

結果的に噂として残ったのは、「スケボーに乗った落ち武者がいた」というものだった。

恐らく、そっちのほうが面白いからだろう。

この話を聞いたとき、私は「何で埋め立て地に落ち武者が出たんだろうね？」と言ってみたのだが、教えてくれた若者は、至極きょとんとするばかりだった。

リヤカー

前田君は倉庫でのアルバイトを終えての帰り道、ニュータウンで厭な光景に出くわした。

「ホームレス風の男がリヤカーを引いていたんですよ。すれ違ったときに荷台を見たら、そこにカラスの死骸がたくさん乗ってて」

数十匹のカラスが、グチャッと積んであった。

片目が飛び出しているカラス、翼、くちばしが千切れているカラスの死骸が、無造作に重ねられていた。

まだ身体をピクつかせているカラスもいた。

「カラスの駆除をしたのかな？　って思ったんですけど、余りに風体がホームレスに近かったから、業者ということはないだろうって。でも、あんな荷台見たあと、怖くて男に声を掛けられる訳ないから」

立ち止まらずリヤカーをやり過ごした。

血なまぐさい臭いが消えてから振り返ると、思いの外日暮れたニュータウンの、暗い静けさだけがあった。

帰ってから念入りに手を洗って、何度も何度もうがいをした。

その日の光景を仲間内に話すと、「マジで？　キ○○イやん」「やばない？　頭湧いた奴やろ」とそれなりにウケたものの、特にそれ以上盛り上がることもなかった。

そして、数カ月も経つと彼はすっかりその日のことを忘れてしまっていた。

その日は倉庫での残業が長引いた。

彼は帰路の空腹に堪えられず、コンビニに入った。

惣菜パンを幾つかと、菓子、スイーツをカゴに入れ、レジへ。

「百三円が一点、二百円が二点……」

店員の読み上げとともにバーコードが読み取られる。

すると、すぐにそれは起きた。

バシッ。

バシバシッ。

バシバシバシッ。

「千五百三十円になります」

バシバシバシバシバシバシバシ。


店のガラス壁に飛来してきたたくさんのカラスがぶち当たっては、下に落ちていく。

いわば、とんでもない大事が起きていた。これでは会計どころじゃない。

しかし、店員は当たり前のようににこにこしながら、横を見て固まる客を見守るばかりだ。

一分もしないうちにカラスの襲来は終わったが、では支払いをします、とはなり難い。

店員の顔とガラスを見比べるように顔を動かしたが、やはり店員は微笑むのみ。

そして、店の駐車場にあのホームレスがリヤカーを引いて現れた。

まるでたった今、闇から生まれたような登場の仕方だった。

「千五百三十円になりまーす」

焦れた店員が再び発声した。

ホームレスは手早くカラスを拾って、次々とリヤカーに乗せていった。

「あの……大丈夫なんですか？」

前田君は、顎を外に向かって上げながら震える声でそう言った。

その言葉が的確なのか、自信はない。

「え？」

店員は一度外を見てから、目を見開いてそう言った。

「結局、金を払ってから三十分ほどトイレに閉じこもってやり過ごしました。恐る恐る外に出たら、カラスは一匹もいなくて。でも――」

前田君は、コンビニの外一面を矯《た》めつ眇《すが》めつ確認した。

結局なんだったのか、知りたくなったのだそうだ。

「――カラスの羽が一本だけあったんですよ」

へえ、何処に？

僕のジーパンの。

ポケットの中です。

車椅子を押す人

北川さんは若い頃、とある温泉街の食堂で住み込みのアルバイトをしていた。

仕事は楽しく人間関係も良好だったが、一年経たずに辞めた。

その切っ掛けは、定岡という男に関する一連の出来事である。


定岡は、いつの間にか町外れの廃屋に住み着いていた。何十年も前から放置されていた空き家である。元々は老夫婦が暮らしていたらしい。

定岡は運よくこの家を見つけた。電気もガスも水道もないが、雨露はしのげる。風呂や食堂は町に揃っているのだ。

腰を据えた定岡は、公衆便所の清掃や、旅館の雑用で小銭を稼いで暮らしていた。力仕事は他にもたくさんあったが、定岡は右肘から下が欠損していたため、仕事は限られていた。

そうやってまともに働いているうちは良かったのだが、いつしか定岡は楽をして稼ごうとし始めた。腐った性根がじわじわと露わになってきたのである。

とはいえ、他人を恫喝《どうかつ》できる胆力はなく、出し抜く知恵もない。とりあえず、定岡は勝手に住み着いた廃屋の物を持ち出して金に変えた。

もう何十年も無人のままの家だったが、着物や家具は豊富にあったらしい。意外と高く古道具屋に売れるのだと、定岡自身が自慢げに吹聴していた。それが犯罪だとは思わなかったようだ。街の人も、特に注意することはなかった。無視している訳ではない。むしろ、状況を詳細に把握している。そのおかげで、北川さんも色々な情報を得られたのである。

下手に注意して逆恨みされるのは怖いだろうが、このまま放置していて良いのだろうか。

その思いが顔に出る北川さんに、店主はこんなことを言った。

「気にせんでええよ。そのうち始末されよるから、放っといたらええのや」

始末するのは、あの家で暮らしていた村上という老夫婦だという。

何を言っているか分からず、きょとんと首を傾げる北川さんに、店主は理由を教えてくれた。

「まずまずの高値で売れる物が残ってるって、おかしいと思わへんか」

夫婦の死後、親族達が遺品の整理にやってきた。村上さんは骨董品が趣味で、なかなか良い壷が見つかったらしい。

まずはそれを売りにいって、どの程度の価値があるか調べようとした。その人は帰り道で事故を起こし、右肘から下を失った。壷は割れてしまったので、また別の人間が違う物を鑑定に持っていく。これもまた同じように事故で右肘から下が切断された。

そんなことがあってから、誰もあの家に手を出さない。近付こうともしない。

「定岡はそんな家に住んどるのや。ところがあいつは、元々右肘がないやろ。しかも車に乗らんから、事故も起こさへん」

事情を知っている町の人達は、村上夫婦がどうやって片を付けるか楽しみに待っているのだという。

誰からも注意されないと分かった定岡は、好き放題を始めた。とはいえ、物はいずれなくなる。売れる物がなくなった定岡は、更に最低な手段を思い付いた。

廃屋にあった車椅子を利用したのである。定岡はまず、その車椅子を押して駅前にやってくる。

適当な場所で車椅子に座り、観光客を待つ。これはと思う人物を見つけると、おもむろに動き始める。

手を使わず、足だけでよたよたと近付いていく。殆ど全ての人が、押しましょうかと声を掛けてくる。

乗車券を買いたいのだがと答える。道すがら、感謝の意を述べながら、自分の境遇をさり気なく挟む。当然、嘘の話だ。

北川さんも何度となく見かけたことがあった。会話の内容も耳に入ってきた。定岡は、元々の見た目が哀れな男だ。それでいて、押しつけがましい話は一切しない。自分が置かれた環境に感謝し、精一杯頑張ってるんだと言うだけだ。

そうしておいて、駅に着く直前に財布がないと慌てる。家に置いてきてしまったと悲痛な顔をする。

取りに帰るしかないかと呟くと、大抵の人は幾らあれば良いのか訊いてくる。ここでも定岡は才能を発揮する。

無理な金額は言わない。病院は事情を話せば次回に纏めて払えるし、帰りの交通費も借りられる。だから今は、五百円あればいい。

この一連の流れを午前中に五、六回繰り返す。全部で三千円近くにはなるのだ。食べていくには十分である。駅には交番があるのだが、定岡は死角を選んで目立たぬようにやっていた。


車椅子詐欺を始めて十日、とうとう決着した。

その日、例によって車椅子で現れた定岡は、いきなり大声を上げた。

「何だお前ら、何する気だ」

次の瞬間、車椅子は猛スピードで走り出した。定岡は乗っているだけで、手も足も動かしていない。それなのに、車椅子はあり得ないほどの速度で通りを抜けていく。

悲鳴を長く棚引かせながら、定岡が乗った車椅子は急な坂道をぐんぐんと上り、山のほうに向かっていった。

北川さんには見えなかったが、車椅子を押す老人と老婆が何人にも目撃されていた。げらげらと笑っていたという。

峠近くで車椅子は発見されたが、定岡はいなかった。捜索願いなど出るはずもなく、いつしか定岡は人々の記憶から消えた。

後から知ったことだが、定岡が決着を付けられる日は賭けにされていたらしい。

世話になっている店主が、三万円儲けたと自慢するのを見た途端、北川さんは街を出ようと決心したそうだ。

壊れかけのRadio

夏の終わり頃のこと。友人達と道路っぱたで花火をした。

手持ち、打ち上げ、線香花火、と楽しんでいると、自転車が近付いてきた。

ペダルを漕ぐ音、油を切らしたチェーンが軋《きし》む音、ちりんちりんとベルが鳴る。

「おい、自転車来るぞ。道空けろ」

友人に声を掛けて道路の脇に寄り、やり過ごそうとした。

カシュッ、カシュッ、キシャー、キシャー、ちりんちりん。

自転車の音はどんどん近付いてくるのだが、自転車が現れない。

音はどんどん間近に寄ってきて、自転車の気配はいつの間にかアナログラジオのチューニングを合わせるときのような、不愉快な雑音に変わっていた。

自転車だと思い込んでいた何かに戦《おのの》き、その場にいた全員が花火を放り出して逃げた。

音はもう耳元近くまで近付いているのに、自転車は見えない。

古い物置

今から十年ほど前、当時中学生だった滝雄君が体験し、教えてくれた話だ。

その日は祝日で、滝雄君は父親と川釣りに出かけることになっていた。

釣りの大好きな滝雄君は、前日に釣り道具などの準備をしっかりしていたにも拘《かかわ》らず、出発時間の一時間近く前から、自家用車のある屋内のガレージでウキウキしながら釣り竿の調子を確かめるなどしていた。

家のガレージは車が二台、楽々駐められるほどの広さがあったが、古くてあちこちが老朽化し、周りには雑多に物がたくさん置かれていて余り綺麗とは言えない。

「滝雄、楽しみなのはいいけど朝ごはんくらい食べなさい」

ガレージに来た母親が、おにぎりを持ってきてくれた。

滝雄君はそれを受け取ると、車の右側から後部座席に乗って食べようとした。

そのとき、彼のすぐ後ろでカシャカシャという音とともに、何かが通り過ぎる気配がした。

後ろを振り向くと、ちょうどガレージ奥にある古い物置に三輪車が突進しているところだった。その黄ばんだ汚らしい三輪車は無人で、物置にぶつかると音もなく消えた。

滝雄君は一口かじったおにぎりを口に含んだまま、暫く車の横で動けなかった。

「これがマボロシって奴か?」

滝雄君はとりあえずおにぎりを食べ切ると、三輪車の消えた物置に近付いた。

彼は怖さよりも、唐突に現れすぐに消えた三輪車に強い興味を持ったのだ。

ちなみに滝雄君の家には三輪車はなく、彼自身も幼い頃に乗ったことはない。

その物置は、滝雄君が生まれる前からガレージに置かれてあった。

かなり古い物で全体的に酷く汚れ、所々が凹んでいた。

父親によると物置は、彼の父親、つまり滝雄君の祖父が生前に使っていた物だという。

滝雄君の父方の祖父と祖母は、二人とも彼が生まれる前に亡くなっていた。

物置は施錠されており、鍵穴部分が壊れていて鍵はあるのだが役に立たない。

中に何が入っているのかは誰も知らず、ずっとガレージの隅に放置されていた。

滝雄君は試しに物置の扉を開こうとしたが、汚れたスチール製の扉はガチガチと音を立てて微かに動くものの、もちろん開かない。

「今まで気にしなかったけど、中には何が入っているのだろう?」

滝雄君は改めて古い物置を見回したが、中を確認する方法はない。

とりあえず車まで戻ろうと滝雄君が踵《きびす》を返したとき、背後からガタッと音が聞こえた。

後ろを振り向いた滝雄君は、今度こそ驚きの声を上げた。

施錠されたはずの物置の扉が大きく開いており、その中に一人の小柄な男性が入っていくところだったのだ。

「誰!?」

滝雄君は思わず叫ぶように言ったが、先ほどの三輪車と同じように唐突に現れた謎の男は何も言わずに物置の中に入り、扉は小さな音を立てて再び閉まった。

流石に怖くなった滝雄君が、屋内ガレージから両親達のいる住居スペースに逃げようとすると、ちょうど彼の父親がガレージにやってきた。

「何一人で騒いでいる？　もうすぐ出かけるぞ」

そんな父親に滝雄君は、先ほど物置の前で起きた現象、唐突に現れた無人で動く三輪車や見知らぬ小柄な男について、やや早口で説明した。

「三輪車？　知らない男？　本当なのか」

父親は早足で物置まで近付いて扉を開けようとしたが、もちろん開かない。

「お父さん、この中に何が入っているか本当に分からないの？」

滝雄君は釣りのことなど忘れて、父親に質問する。

「ああ、前にも言ったが鍵を挿す部分も壊れていてな。ただ、お前の言った三輪車という言葉には少し引っかかることがあるんだ」

そう言うと父親は突然、工具棚から大きめのバールを持ち出し、物置の扉を壊してこじ開けようとし始めた。

「ちょっと大丈夫なの、お父さん？」

「危ないからお前は下がっていろ」

滝雄君はいきなり物置の扉をこじ開け始めた父親を、後ろで不安そうに見守っていた。

ところが父親がバールの先を扉の隙間に差し込もうとしたとき、二人の目の前で物置の左扉がスーッと音もなく開いた。

そして、物置の中から先ほど滝雄君が見た古くて汚らしい三輪車が、カシャカシャと頼りない音を立てながらゆっくりと進んできて、二人の手前で止まった。

「これだよ、この汚い三輪車がさっき物置に向かって走っていったんだよ」

滝雄君は少し震え気味に、目の前にある汚い三輪車を指差した。

三輪車は所々が汚れて錆び、プラスチック部分などが欠けたりするなど老朽化が進んでいた。また、作りや装飾がシンプルでデザイン自体もかなり古臭い。

「お前の言った小柄な男、オヤジかもな……」

三輪車を見下ろす父親が小さな声で呟くように言った。

「オヤジって、おじいさんのこと？」

滝雄君の質問に頷《うなず》くと、父親は過去に起こった、とある出来事を話し始めた。

滝雄君が生まれる少し前、彼の祖父はある若いシングルマザーと出会ったという。

二人はあっという間に恋に落ち、真剣に結婚を考えるようになった。

祖父の妻は数年前に亡くなっており、法律的に問題はなかった。

しかし、周りの親族達が許さなかった。

幾ら自由恋愛の時代とはいえ、自分の娘みたいな年齢の女と結婚など世間に恥ずかしくないのか？　と。

このとき、祖父は六十歳半ば、シングルマザーは三十歳になったばかりだったらしい。

息子である滝雄君の父親もこのときはもう三十歳前半で、自分より年下の女性が戸籍上とはいえ母親になるのは受け入れ難かった。

結局、この歳の差カップルの仲は、周りから半ば無理やり引き裂かれてしまった。

親族達はシングルマザーにある程度の纏まったお金を握らせ、祖父の前から消えるように言った。そして、シングルマザーはそれに従った。

愛する人を失った祖父は、それからというものみるみるうちに衰弱していき、あっという間に自宅で亡くなった。

死ぬまで妻や息子の自分ではなく、シングルマザーの名前を未練がましく連呼する祖父を見て、父親の心境は複雑だった。

「三輪車、せめてあの子の欲しがっていた三輪車をプレゼントしたかった……」

それが祖父の最後の言葉だったという。

あの子というのは、シングルマザーの連れていた三、四歳くらいの娘のことだった。

父親も見たことがあるらしいが、おさげ髪の可愛い女の子だったようだ。

父親にとって、場合によっては三十くらい歳の離れた妹になるかもしれない娘だった。

どうやらその娘は、祖父に三輪車が欲しいと言っていたらしい。

しかし、その願いを叶えることのできぬまま、シングルマザーは去っていき、祖父自身も無念のまま死んでしまった。


「この話は、もう少し滝雄が大きくなってから話そうと思っていたんだがな」

父親は懐かしさと悲しみの入り混じった複雑な表情のまま、汚い三輪車を持ち上げた。

「何で今頃になって、この三輪車が物置から出てきたのか分からないが、ずっとあの娘にプレゼントしたかったんだろうな……」

そんな父親の様子を見て、滝雄君は何も言うことができなかった。

現在、社会人になった滝雄君は今でも実家に住んでいる。
祖父の古い物置もガレージの隅に置かれたままだ。
物置の中にはあの古くて汚い三輪車が保管してある。
夜になると偶《たま》に、物置の中からカシャカシャと音がするらしい。
だが事情を知っている滝雄君達は、特に何もせずにそっとしてあるという。

駐輪場の一角にて

君田さんは都内の不動産屋で事務員として働いている。

「毎日毎日、ぎゅうぎゅう詰めの電車で。ホント、イヤになっちゃう」

実家から通っているため、最寄り駅から会社までおおよそ二時間程度。

これだけでも辟易《へきえき》してしまうが、彼女の場合は、そもそも実家から駅までが遠かった。

「そうなんですよ。自転車で三十分くらいかな。それくらいは軽く掛かりますよ」

となると、毎朝六時前には家を出る必要がある。

「家の近くに働ける職なんてないし。ここだってお給料は安いけど、やっと見つかった職場なんで……」

とてもじゃないが独り暮らしする余裕などなかったので、やはり実家から通う他道はなかったのである。

日が長い季節はまだ良いが、短くなってしまうと、とにかく朝が厳しい。

「辺りが真っ暗な時間に出かけなきゃならないんで……」

どうしても気持ちが落ち込んでしまうとのことであった。

「でも、それだけじゃないんです」

彼女は語気を荒らげながら、言葉を続けた。

「……自転車置き場。あそこが嫌で嫌で仕方がないんです」


君田さんの実家の最寄り駅には、猫の額ほどの駐輪場が備え付けられている。

駐輪場といっても、ラック等はもちろんのこと屋根すら設置されておらず、線引きすらもないただの砂利でできた空き地であった。

町営なのか私営なのかは分からないが、登録制ではなかったので、あるルールさえ守れば誰でも駐輪することができる。

「十日間ですね。その期間連続で自転車を駐めておくと、問答無用で撤去されるらしいです」

すっかり色褪せた、その旨を告げる看板が設置されてはいたが、一体誰がどのようにして監視しているのかまでは不明であった。

そもそも、そのルールが本当に適用されているのか眉唾である。

「駐輪場の片隅に、汚い自転車がいつも置いてあるんですよ」

それは、恐らく子供向けの自転車なのであろう。

今では様々な汚れで何とも表現のしようがない状態になってしまったが、前カゴやハンドル、ペダルの色は元々ピンク色だったらしく、所々面影が感じられた。

サイズも明らかに小さく、後輪の辺りに補助輪が付いていても違和感はない。

以前は気にも留めなかったが、彼女が高校生のときにふと気が付いて、それからずっと駐輪してあるということから、五年以上はそのままの状態であると思われた。

しかし、それだけであるならば、別にどうといったことはない。

「ええ、ただ置いてあるだけならば、そうですね。でも……」


それは今からおおよそ三年前の、十二月のことであった。

薄ぼんやりとした街灯と自動販売機の仄かな灯りの中、滅法悴《かじか》む両手を盛んに擦りながら、彼女は駐輪場に自転車を駐めようとしていた。

ただでさえ利用客が少ない無人駅なのに、漸《よう》く始発が動き始めたばかりである。

辺りに人の気配は一切なく、忌々しい木枯らしの吹き荒《すさ》ぶ音と自分の自転車の奏でる不協和音のみが耳に入ってくる。

スタンドを立てて鍵を掛けようとした、そのとき。

——しゃぁぁぁあっ、しゃぁぁぁぁあっ、しゃぁぁぁぁぁあっ。

思いがけない物音が、突然耳に入ってきた。

咄嗟《とっさ》に、彼女は駐輪場の奥へ訝《いぶか》しげな視線を向けた。

――しゃぁぁぁぁっ、しゃぁぁぁぁっ、しゃぁぁぁぁぁっ。

動いている。確かに、動いている。誰もいないはずなのに、あの自転車の後輪が物凄い勢いで回転している。

「っひっ！」

短い悲鳴を上げながら、君田さんは大きく目を見開いた。

目の前で繰り広げられる光景は到底信じられず、ただただ見ていることしかできない。

例のピンク色の自転車の後輪は、相も変わらず勢いよく回っている。

と思った途端、車輪は徐々に速度を落とし始めた。

先ほどまで辺りに響いていた回転音も次第に落ち着いていき、やがて止まろうとしたその瞬間であった。

――っぎぃっ、っぎぃっ、っぎぃっ、っぎぃっ。

錆び付いたペダルが何者かに踏まれているかのように、ぎこちなく回転し始めた。

それと同時に、まだらにピンク色をした罅《ひび》割れたサドルが、ぎしぎしと軋む。

そして、またしても後輪が勢いよく回り始めたのだ。

後輪の回転が軌道に乗ったかと思われると、やがてペダルはそれを見届けるかのように惰性で数回転した後、錆び付いた音を立てながら徐々に止まってしまった。

——しゃぁぁぁぁっ、しゃぁぁぁぁぁっ、しゃぁぁぁぁっ。

いつの間にか襲いかかってきた頭痛に苛《さいな》まれながら、彼女の全身は徐々に冷え切っていった。

やがて呼吸すら覚束《おぼつか》なくなっていき、急に頭の中が白色に埋め尽くされてしまい、君田さんはその場で意識を失ってしまった。

無人駅とはいえども、流石に通勤通学の時間帯はそこそこ人が行き交う。

それほど間を置かずに、駐輪場で倒れている所を発見された彼女は、お陰様で大事に至らずに済んだ。

「でも、何故かは分かりませんが……」

彼女は例の自転車のペダル部分に両手を置きながら、俯《うつぶ》せに倒れていたそうである。

君田さんはあのような出来事があったにも拘らず、今でも例の駐輪場を毎日のように利用している。

もちろん、怖くて仕方がないが、やむを得ず使わざるを得ない、といったほうが正しいのかもしれない。

今でも例の自転車は、まるで主《ヌシ》であるかのごとく駐輪場の一角を占有している。

「偶に見ますよ。誰もいないのに車輪だけが回っているところ。何故か夜に見たことはないですけど」

そのときは、踵を返して自宅に戻ることにしているとのことである。

「有休なんて、そんな非常事態のときにしか使えないですからね」

日曜日のポスティング

群馬県在住の二十代の女性、さとみさんはこんな夢を見た。

彼女の弟が、怪異が起こると噂される栃木県のダム湖へドライブに行って帰ってくるのだが、そのあと何か相当悪いことが続いたらしく、家族全員で遠方の神社まで行き、深刻な顔をしてお祓いを受けている——そんな内容であった。

(正夢になったら、どうしよう)

嫌な予感を覚えたさとみさんは、翌日、弟が大学から帰宅するなり、

「栃木の、お化けが出るダムには行かないでよ！　あとが大変なことになりそうだから！」

強い口調でそう告げると、弟は目を丸くした。

「これから友達と行く約束をしてたんだ。……家じゃあ誰にも話してないんに《のに》、何で？

何で分かったんさ？」

事情を説明してやると弟も嫌な予感がしたようで、かのダム湖へ行くのはやめたという。

このように、さとみさんは夢でささやかながらも予知をしたり、現実でも怪異と遭遇することが多い女性なのである。

さとみさんの両親は、宣伝用のチラシを家々のポストに投函する、ポスティングを行う会社を経営している。さとみさん自身は医療関係の職に就いているが、休日はよく両親の手伝いをしていた。

初冬の日曜日のこと。

父親が運転する車に、折り畳み式の自転車を積んで隣の市へ行き、手分けしてチラシを配布することになった。現地に着いて一旦解散すると、さとみさんは自転車に乗り、チラシを家々のポストに投函していった。

隣の市といっても、過去に来たことがない町だったという。

やがて、晴れた日の昼間だというのに、何処か薄暗い感じの道に出た。集合住宅が建ち並んでいる。その一階にある集合ポストにチラシを投函していると、突然、背中に電流のように悪寒が走った。

何とも嫌な感覚だ。背後から酷く冷たい空気が流れてくる。

振り返ると——。

すぐ後ろに、小学五、六年生くらいの少女が立っていた。蒼白な顔をして、黙ってこちらを見つめている。その目は涙に潤んでいて、いかにも悲しそうな表情をしていた。日曜日で学校は休みのはずだが、ピンク色のランドセルを背負っている。

（変な子だな。何かあったのかしら？）

そう思っていると、少女は右手で右の方角を指差した。何かを訴えたいようだが、黙り続けている。その目から、大粒の涙が雫となって零れ落ちた。

（どうしたん？　大丈夫？）

と、話しかけようとした途端――。

一瞬にして、少女の姿が変貌した。

脳天が裂けて鮮血が噴き出し、右目の眼球が飛び出す。

右腕の肘が、あらぬ方向へ曲がってゆく。

衣服も所々が破れて、全身が傷だらけになっていった。

（ひっ！）

さとみさんは愕然として立ち竦《すく》んだ。

すると、少女は空っ風に攫《さら》われたかのように、その姿を消してしまった。

怯《ひる》んださとみさんは、早くここから離れようと、急いで自転車を漕ぎ始めた。

そのとき初めて気付いたのだが、先ほど少女が指差していた方角に、広い土地と大きな建物がある。建物には煙突が付いており、煙が上がっていた。

それは市の斎場であった。

（まさか、あの煙が、さっきの女の子……？）

ふと、そんな想像をしてしまう。それと同時に圧倒的な悲しみと恐怖が込み上げてきて、いても立ってもいられなくなり、双眸《そうぼう》から涙が溢れ出す。

涙で視界が悪かったが、急いで自転車のペダルを漕ぎ出した。

思えば、現れた当初から、少女の顔つきは何かを訴えたいようであった。

（事件か事故の被害者だったのかなぁ？　それとも、飛び降り自殺とか？　……話を聞いてあげるべきだったのかな……）

何もしてやれなかったことに、さとみさんはもどかしさを覚えずにはいられなかった。

その日はもはや、ポスティングの仕事は手に付かなかったという。

面倒な仕事

雪乃さんが当時勤めていた会社に、身勝手な女上司がいた。

「盗まれた自転車が見つかったから、私の代わりに取りに行ってきて」

頼まれた瞬間、またかと思った。

仕事とは全く関係のない個人的なお使いを、雪乃さんに頼む。断ろうものなら後で何をされるか分からない。社長もこの女上司が面倒だったのか、見て見ぬ振りをしていた。

自転車は現在、とある交番が預かっている。その交番は駅から遠く、勤務先から歩いていくのが一番早い。それでも片道三十分ほど掛かる。

「歩いていって、帰りは乗って帰ってきてくれればいいから」

交通費は出さない。これもいつものことだ。

自分の仕事を適当なところで片付けると、雪乃さんはその交番へ向かった。

交番に着く。簡単な書類に記入をしてから自転車を引き取った。

印鑑は持っていっておらず、拇印を捺した。指紋を採られたような気がして、複雑な気持ちになる。帰りは言われた通り、自転車に乗った。

勤務先までのルートにきつい坂道などはない。ちょっとしたサイクリングだと思えば気が紛れた。

自転車で走り出してすぐ、ペダルが重くなった。自転車のチェーンに何かが絡んで動かない。そんな重さだった。何度か自転車を止めて確認したが、原因が分からない。タイヤの空気も確認したがこちらも問題なかった。

それでも必死に漕いでみたが、これでは駄目だと自転車を降り、押して歩き始めた。すると先ほどまでの重さはふっと消える。もう一度乗って漕ぎ出すと、重くなる。

顔に汗が滲みだすと、猛烈に腹が立ってきた。

(何でこんなこと、私がやらなくちゃいけないのよ)

自転車をその辺に捨ててしまいたかったが、そんなことはできない。もう諦めて勤務先までは歩いていこうと決めた。

途中、大きな十字路で信号待ちをしていたときだ。

自転車が後ろに引っ張られた。黒い紐のようなものが後輪に絡んでいる。紐には柄があり、荷台紐かと思った。それを取ろうとしたとき、細く長い、頭の小さな蛇だと気付いた。

「えっ」

触るのを躊躇《ためら》っていると、蛇は自転車のチェーンに同化するように消えた。

その後、女上司は自転車を勤務先に駐めたまま持ち帰らなかった。

挙げ句、サドルに油性マジックで卑猥《ひわい》な落書きをされたのち、また盗まれた。

自転車は見つかっていない。

自転車に乗って

今から二十年ほど前、久保さんが中学二年生のときの話である。

当時、久保さんのクラスでは陰惨なイジメが横行していた。イジメの被害者は小田という子だ。

気に障る言動などとは無縁の平凡な女の子だった。何となくムカつくというのなら、まだ分かる。小田さんには、それすらなかった。

だが、何が気に入ったのか、高岡という男子を中心に据えたグループが、飽きることなくイジメを仕掛けてきた。

それでも小田さんは教室に来た。小田さんの家は、久保さんのすぐ近くであり、家庭の事情はよく分かっていた。

小田さんは両親を事故で亡くし、祖母と二人暮らしだ。心配を掛けまいとしているのは明らかであった。

見るに見かねた久保さんは、力になれないかと申し出たのだが、小田さんは即座に断った。久保さんもイジメられるからというのが理由だ。

三学期が始まってすぐのこと。登校時、誰かの悲痛な叫びが響き渡った。嫌な予感がした久保さんは、声が聞こえるほうに走った。

へたり込む小田さんの周りに、下卑た笑みを浮かべる高岡達がいる。小田さんの前に自転車が転がっていた。見ると、徹底的に破壊されている。前輪も後輪もスポークが折れ、ぐしゃぐしゃだ。ハンドルは力任せに捻られている。

集まってきた生徒達にピースサインを出し、高岡達は立ち去った。

久保さんは、小田さんがその自転車をどれほど大切にしているか、よく知っていた。亡くなった両親が、入学祝いに買ってくれた自転車だと言っていた。小田さんにとって、命よりも大切なものだ。

数分後、担任の今江がのそのそと現場にやってきた。普段から今江は、見て見ぬ振りばかりである。イジメを知っているくせに、何一つ動こうとしない。久保さんが高岡達の犯行だと訴えても、案の定まともな答えは返ってこなかった。

「お前が来たときには、もう壊れてたんだろ？　高岡がやったという証拠はないだろう。というか、そんな大切なものなら家に飾っとけばいいのに。じゃあ、先生は授業に行くから。お前らも遅れるなよ。あ、その自転車は粗大ゴミだから、学校では処分できないぞ。持って帰れよ」

激高し、掴みかかろうとした久保さんを止めたのは、他ならぬ小田さんだった。

「ありがとう。怒ってくれて。でも、もういいよ」

優しい顔だった。

それから一時間後、小田さんは屋上から飛び降りて自らの命を絶った。

自転車の鍵を握っていたという。


翌日。臨時休校にもならず、学校はいつも通り始まった。高岡もいつも通り仲間と騒いでいる。

いつも通り小田さんも登校してきた。自分の机をぼんやりと見下ろしている。

その姿が見えるのは、久保さんだけのようであった。相変わらず、のそのそとやってきた今江にも見えていない。

小田さんは自分をイジメた連中の前に立ち、ぼそぼそと何事か呟いて消えた。

何を言っているか分からなかったが、何をしようとしているのかは分かった。

頑張って。全員やっつけて。酷い目に遭わせていいよ。

久保さんは、胸の中で声援を送ったという。

その日の昼、小田さんは自転車に乗って現れた。猥談《わいだん》に興じる高岡達を包囲するようにぐるぐると回り始める。

何周か回ってから、井岡という生徒の背後で止まった。

井岡はその日の夜、コンビニに向かう途中で事故を起こした。乗っていた自転車ごと橋から落ちたのである。途中、橋脚にぶつかったため、井岡は右腕を失ったとのことであった。

その事故を切っ掛けに、高岡のグループは次々に自転車絡みの事故を起こし、いずれも重傷を負った。

最も悲惨なのは高岡だ。高岡は、何を思ったか自宅近くにある崖を自転車で走り降りようとしたらしい。

途中で放り出された高岡は着地に失敗し、脊髄を損傷した。更に顔面も強打しており、両目とも潰れてしまったという。

短期間にこれほどの事故が連続したのは、間違いなく呪いのせいだと生徒達が騒いだのだが、学校側は頑なに否定した。

珍しくやる気を見せた今江が先頭に立ち、噂を潰しに掛かってきた。久保さんはそんな今江の姿に、思わず笑ってしまった。

自らの保身に必死の今江がそれを見逃すはずがない。何を笑っているのだと怒鳴られた久保さんは、親切に教えてあげた。

「小田さん、さっきから自転車に乗ってぐるぐる回ってるんですけど。見えませんか」

激高する今江を制し、横にいた教頭先生が話しかけてきた。

「もしそれが本当だとして、親友である君は小田さんの成仏を祈らなくていいのですか」

ああ、こいつらは何も分かっていない。人の形をしたゴミだ。

心底から軽蔑した久保さんは、穏やかな口調で返した。

「そこにいるのは小田さんの憎悪です。優しくて素敵な女性だった小田さんは、とっくの昔に成仏してます」

その後、高岡グループ全員が退学し、いつの間にか呪いの噂も消えてしまった。

今江には何も起こらなかったことも、噂の消滅に一役買ったのかもしれない。

事あるごとに今江は、小馬鹿にしたような笑みを見せたが、久保さんはその都度呟いた。

小田さんはずっとあんたの側にいる。最高の機会を狙ってるんだよ。

卒業後、久保さんは町中で今江の姿を見た。気の強そうな奥さんと、小学生ぐらいの太った息子が一緒だ。

家族揃ってサイクリングにでも行くのだろうか。小田さんも一緒だ。まるで家族の一員のようである。

小田さんは首を長く伸ばし、息子の顔を覗き込みながら走っていた。

代々木→恵比寿

授業が休講になり、午後からの時間がぽっかり空いた。

夕方から飲み会があるのだが一度自宅まで帰るのは億劫《おっくう》だし、それでなくても学生なんていうのは金欠気味だったから、余り金の掛かる暇潰しはしたくない。

そんなときに、さして金も掛けずにゆっくりできる場所があった。

山手線である。

首都環状線であるので同じ路線をぐるぐる回るだけだが、一周六十分。乗り過ごして目的駅の反対側まで行ったとしても、戻ってくるのに三十分もあれば足りる。寝過ごしたとしても、何処か遠くの知らない終着駅まで連れていかれることもない。シートの座り心地がいい訳ではないが、夏は冷房、冬は暖房がほどよく効いて、無為な午睡《ひるね》には持ってこいだ。

乗り込むホームを間違えて埼京線やその他の乗り入れ線にうっかり乗らないようにだけ気を付ければ、これほど安上がりで安全な休憩所もなかなかない。

時間はちょうど正午頃。友人と二人、代々木から山手線の内回りに乗り込んだ。

次の原宿で席が空いたので、二人並んでシートに腰を下ろす。うとうとするうち、そのまま眠りに落ちた。

彼女が最初に目を覚ましたとき、「新宿ー、新宿ー」というアナウンスが聞こえた。代々木、原宿からほぼ一周である。慌てる必要もないので、二度寝した。

友人が目を覚ましたのは彼女の後で、鉄腕アトムのメロディーとともに「高田馬場、高田馬場」というアナウンスが聞こえた。

それからまた彼女が目を覚ました。友人が彼女の腕を掴んでいる。

「んあっ」

涎を拭いながら目を覚ますと、ちょうど恵比寿に着いた辺り。

友人がしきりに時計を気にしている。

「どうしたの？　もう飲み会の時間？」

「いや、そうじゃなくて……時間が変」

何事、と友人の腕時計を見た。

正午を少し過ぎたところ。

新宿から品川、東京、上野と進む内回りであるので、この時点で既に二人は山手線を二周している。代々木から乗り込んで、新宿も高田馬場も確かに通ったはず。

多分二時間、最低でも絶対に一時間は過ぎているはず。

しかし、自分の時計も同じで、正午を少し過ぎたところ。
恵比寿駅のホームの時計も、正午を少し過ぎたところ。
原宿で座れてから、数分も経っていない。

下りの列車

早朝、雪乃さんの携帯電話が鳴った。相手は父だ。

「お祖父ちゃんが亡くなった」

祖父は癌で入院しており、もう長くないと知っていた。勤務先にこのことは伝えてあり、何かあった場合はすぐに休めるようにしておいた。祖父は伯父夫婦と暮らしており、彼女の両親は朝一番にそちらへ向かっている。実家から伯父の家までは、車で一時間半ほど掛かる。

「すぐにこちらへ来ても駅まで迎えに行けない。午後か夕方くらいに一旦帰るからその時間に戻ってきなさい」

両親は伯父の家から戻ってからでないと、雪乃さんを駅まで迎えに行けない。彼女の実家から最寄り駅までは十キロほどあり、両親に車で迎えに来てもらわなくてはどうにもならなかった。

大きな荷物を抱えて出社。午後三時過ぎに退社した。実家までは普通列車で二時間掛かる。新幹線はかえって面倒なルートになるため使わない。

一度乗り換えてから、実家方面に向かう電車に乗った。車内の座席は全て埋まっており、立っている人も大勢いる。大きな荷物は網棚に載せ、吊革に掴まった。

(今この状態だと三十分から一時間は立ちっ放しになるかな)

ここから暫くは、降りる人より乗ってくる人のほうが多い。一度埋まった座席は、なかなか空かないことを知っていた。もう座ることは諦めるしかないと思ったとき。彼女の目の前に座っていた人が、さっと電車を降りていった。

雪乃さんは空いた席に素早く座ると、網棚の上の荷物を確認しながらほっとした。

(助かった)

偶然だと分かっていても、亡くなった祖父のおかげと思ってしまう。

これで目的地まで楽ができる。目を閉じ、顔を下に向けて、本気で眠らない程度に休むことにした。

俯《うつむ》いてうとうとしていると、顔の横を押された。当たっているものは柔らかく、痛みはない。目を開けて確認する。隣に人は座っていたが、何かした様子はない。その後も目を閉じてぼんやりするたびに、顔の横を強く押された。

無視していると誰かがそれをやめるように注意している声がした。祖父の声に似ていた。

目的地まであと一駅。既に他の乗客は降りていて、彼女一人になっていた。

荷物を網棚から降ろしておこうと立ち上がる。彼女の荷物の横に新聞紙に包まれた菊の花束が置いてあった。すぐにお墓参りや仏壇を連想した。

「忘れ物かな」

——こっそり盗ってしまおうか。

荷物を下ろしたときに、手が花束に触れる。全身に鳥肌が立った。


電車が駅に着くと逃げるように電車を降りた。花束はそのままにしてきた。電車が動き出す直前にもう一人、扉をすり抜けて降りてきた気がした。腕に何かが軽く触れた。また鳥肌が立つ。

改札口を出て、階段を下りる。車で待つ父親の姿が見えたところで、気配は消えた。


電車を降りたとき。小さな声で「おめでとう」と聞こえた。

祖父の死を喜ばれているような気がした。

視線

「確か、あの頃通学に使っていた電車って415系なんですよね。御存じですか？」

「ああ、あの車体が小豆色でギョロ目の……。随分以前ですね」

「鉄道にはお詳しい？」

「まあ、昔は時刻表で仮想旅行をしていたクチですが、それももう随分前だな」

「きっと、青春18きっぷが流行っていた頃ですね。でも、このお話はその暫く前で、普通の通勤通学列車での出来事ですねえ」

「『お話』って、何だかすっかり他人事に聞こえますね」

「もう、時間が経ちすぎて、完全に他人事ですね」

「そうなんですか……」


黒石さんは、当時高校二年生だった。

中学三年生の頃、両親が酷い喧嘩別れをして離婚し、煽《あお》りでノイローゼ気味になった黒石さんは希望校の受験に失敗していた。滑り止めの私立に通うことになったが、それまでの友人達とは反対方向の通学路となり、毎日電車で片道四十分余り掛けて通うことになった。

「それに、校風って言うんですか。地域色も微妙に合わなくて、全然周囲に馴染《なじ》めなかったんですよね」

「校風かあ。その頃は何処も荒れてましたからねえ」

「共学に成り立ての学校で、女子の数も少なかったんですよ」

自身は普通の地味な女子学生だった、と思う。と、黒石さんは言って少し笑った。

「普通科でしたしね」

高校の最寄り駅は快速電車が停まらず、待ち時間も大抵長かった。

相対式のホーム二つを跨線橋《こせん》が繋いでいるだけのこぢんまりとした駅で、酷く殺風景な場所だった。

しかし、そこでぼんやりと立ち尽くしている時間が、黒石さんは好きだったという。

「何にも考えなくていい時間だったからですかねえ」

本当にぼんやりと、錆色の鉄路と敷かれたバラスト、色味のないホームの風景を毎日眺めていた。

上り線と下り線。真ん中に通過線が一本通っている。

国鉄末期の駅舎は補修も熱心にはされておらず、周囲は雑草も伸び放題で、駅員の態度も何処か投げやりだった。

定期券の入ったパスを改札で見せるのだが、制帽をだらしなく被った駅員の、胡乱《うろん》げな目つきが嫌いだった。

その日は、漸《ようや》くできた友人と話し込んでいて遅くなった。その友人はバス通学だったので途中で別れて駅に向かった。

予定していた時間の電車は逃してしまっていた。急傾斜の階段を上り、跨線橋を渡って人気のなくなった下り線二番ホームをぶらぶらと歩き、端っこのベンチに腰を下ろした。

この日は母親の家に泊まりに行く約束だった。いつもは一番ホームから帰るのだが、ちょうど反対方向なのだ。切符をなくさないようにポケットに仕舞った。

遅くなると電話しておけば良かったかなと思う。

夕暮れ時と言うにはまだ早いが、何かが終わりつつあるような中途半端な時間。

時々やってくるカラスが喚きながら頭上を飛んでいった。

そのとき、何だかおかしな感覚を覚えて身を起こした。

……何？

全身に強烈な違和感。それは言葉にしづらいが「ジロジロジロ」と、

「まるで、電磁波でスキャンでもされているかのような……強烈な視線だったんです」

誰かに見られている、と思った黒石さんは立ち上がって周囲を見渡した。

すると、斜め前方の線路を挟んだ一番ホームのベンチに、スケッチブックを膝の上に広げた大学生と思《おぼ》しい男性を見つけた。

黒石さんをスケッチしていたらしい。

黒石さんが気付いても、お構いなしにペンシルを動かしている。

大きなチューリップハットを被っていて、その影になって表情は分からない。

けれど、顎の線やこちらを見つめる目付きの印象で、誰だか見当は付いた。

「名前も何も未だに分からないんですけどね。見かけたことはあるんですよ。見かけただけの……うーん、ある意味憧れの人だったのかなあ」

違う世界にいるように思っていた人に見られているという気恥ずかしさから、その場を逃げ出してしまいたかったが、どうすることもできずにベンチに戻った。

相変わらずの、睨《ね》め回すような視線に耐えていると、やがて一番ホームに上り電車が滑り込んできて、それが去ると青年の姿は消えていた。

そのときは晩秋の頃だったのだが、その年の初夏に黒石さんは気分が優れずに学校を早退したことがあった。後に結構重い鉄欠乏性貧血だと分かる。

嘔気《おうき》があり、ハンカチで口を押さえながら改札を抜ける。左手に曲がって跨線橋の階段のほうへ向かうと、上方から駆け下りてくる長い髪の女性が目に入った。

一瞬、目を奪われるほど綺麗な人だった。けれども年齢は近い。多分、十八くらいだろうと思った。

垢抜けた白いサマードレス姿で、実物など見かけたこともない、優雅な鍔広《つばひろ》のサンハットを被っている。

ぶつかりそうな立ち位置だったので脇に寄っていると、その女性は駅舎の切れ目にあるフェンスのほうへ急に逸れた。

フェンスの向こう側には、これも白いサマーセーターに白いスラックスという服装の同年代の男性が立っていて、二人は見つめ合いフェンス越しに束の間手を触れると、女性は改札のほうに向かった。

ほんの僅かな時間の光景だが、まるで映画の一シーンのようであり、何より周囲のうらぶれた感じからは余りにも浮き上がっていて、焼き付くような印象が残った。

ああ言う恋人達の光景が現実にあるんだと思ったら、何だか酷く自分が惨めに思えたという。

重い足取りで跨線橋を渡って、その袂《たもと》で電車を待っていると、先ほどの駅舎の切れ目から、二人が自転車を押しながら楽しそうに語らって歩いていくのが見えた。

　自転車も白い高級そうなレーサー車であり、男性も背が高く爽やかそうで、あんなに理想的なカップルというものが存在するのかと改めて唖然とした。

「その男性が、スケッチをしていた男性と同じ人物なんですね？」

「そうですね」

「何処かのお金持ちのボンボンという印象ですね」

「……実際、そうだったようですよ。噂では」

「噂？」

「実は女の子のほうは誰だか分かっているんです。当時の友人が『それ、真鳥優子じゃないの？』って言うんです。何でも、同じ路線で電車通学をしていたらしいんですが、余りの美少女振りに一部の男子生徒の間ではかなりの評判になって、付きまとう学生も出たようで、色々学校間で揉めたらしいんですよ」

「そりゃ凄い」

「私と入れ違いに高校は卒業していて、接点というのはないですね。そんなふうに見かけただけです。で、卒業の頃から大学生と付き合い出したようだと、それもお金持ちの御曹司ということで、喜ばしいような残念なような感じで噂が出回っていたようです」

黒石さんは、この二人をもう一度だけ目撃していた。三年生に進学した、これも初夏の頃だった。

日曜日、近所の商店街に買い出しに来ていた。黒石さんは他の兄弟とともに父親に引き取られていて、家事もこなさないといけなかった。

スーパーに向かっていると、道路を外国製のオープンカーが二台走ってきた。二台はそれぞれブルー系とピンク系のパステルカラーで塗装されており、色もそうだが、まず見かけない車種だった。

それがすぐ横で信号待ちで停まったのだが、前にいたブルーの車の後部バンパーに後続の車が軽く接触した。

すると、前の車は少し前進して軽くバックし、接触を仕返した。

「え?」と、思ってよく見ると、後続の車を運転しているのは真鳥優子であり、もう一方はあの男性なのであった。

二人は笑い合い、信号が変わるとまた後続の車が前に寄せてバンパーをぶつけた。

つまりは、じゃれ合っているらしい。

まさか、車を使ってタッチし合うというような行為がこの世にあるとは思わなかったので、半ば呆れていると、前の車の男性が「おや？」と言うような目つきで黒石さんのほうを見た。

しかし、それは一瞬のことで、すぐに二台の車は角を折れて見えなくなってしまった。

「フォルクスワーゲンのカルマンギアかな……？　あれならバンパーのごついのが付いていたのがあったような」

「車種までは分かりません」

「しかし、つくづく絵に描いたようなお金持ちのカップルですねえ。その後どうなったのか分かっているんですか？」

「高校を卒業してからは地元で就職したので、学校周辺の噂話はぷっつりですね」

「車を見たのは地元ですよね？」

「偶々じゃないでしょうか」

「そうですか……」

……だが、思わぬ形で黒石さんはこの二人の姿を再び見ることになる。

高校三年の一月の中頃、黒石さんは貧血を起こして教室で倒れてしまい、保健室で目を覚ましたらもう夕方の六時前だった。

保健医が再三「家の人を呼ぼうか?」と、訊ねたが固辞して駅に向かった。

ラッシュ時に纏まっている数本の、最後の一本を目の前で逃してしまい、駅の時刻表を見ると次の電車が来るのは三十分後だった。

冷え切った身体をコートで包むようにして、一番ホームのベンチに座った。

一斉に先の電車に乗り込んでしまい、他に利用客の姿はなかった。

マフラーに顎を埋めて目をつむっていると、また覚えのあるあの感覚がして身体がざわついた。

「……見られている」

纏い付くような視線。

……ジロジロジロジロ。

二番ホームのほうを見ると、チューリップ帽を被ってスケッチブックを膝の上に広げたあのときの格好のまま、あの男性がまっすぐこちらを凝視していた。

夕闇が降りてきて、顔などは影になってしまっている。しかし、爛々《らんらん》とした両目だけは何故か認識できるのだった。

駅の照明が点いていたが、古い蛍光灯は輝度がなく闇は払えていなかった。

元々気分が悪かったのと、視線の不快さで怒った黒石さんは立ち上がって相手を睨み返した。

すると、男性は動きを止めペンシルを仕舞った。そして、チューリップ帽を脱いで一礼するような仕草をすると、闇に溶け込むようにして消えてしまった。

「え？」

いや、そんなはずはない。今の今まであそこのベンチにいたのに。

驚きの余り立ち尽くしていると、二番ホームの跨線橋の支柱の影からセーラー服姿の少女がつかつかと歩いて現れ、

「あなた！」と、線路越しにこちらに呼ばわった。

「あなたが、あの絵の女ね！」

「何のこと……」

姿形は微妙に幼くなっているが、それは明らかに真鳥優子なのだった。訳が分からず、怖くなって駅員に助けを求めようとしたが、駅舎の中にも誰もいない。

真鳥優子は憤怒の形相で、長い髪を振り乱しながら跨線橋の階段を駆け上がっていった。

こちらに来てしまう。

黒石さんは駅の外へ逃げようとしたが、気分が悪くなりその場で吐いた。

足元もふらついて、どうにか改札のところまで歩いたそのとき、
軋むようなブレーキ音を響かせながら、唐突に電車が一番ホームへ入ってきた。

運転席上部の表示に「快速」の文字が見えた。

何故？　この駅には快速は停まらないはずなのに。

しかし、これに乗れば逃げられる。

乗り込み口の前に立って、早く開けと念じる。

こうしている間にも、真鳥優子に襲われそうで気が気ではない。

コンプレッサーの音がして両開きのドアが動いた。

が、そこには真鳥優子が立っていて、少し段差のある車上から身を投げ出すようにして、こちらへまっすぐ倒れ込んできた。

真鳥優子の甲高いわめき声と、自分の悲鳴が交差して……それからはよく覚えていなかった。

「当時はホームと電車の乗降口に段差のあるときがあって、うっかり足を踏み外して怪我をするなんてことがあったんですよ」

「そういえば、段差が……うーん、意識していないから覚えていないな」

「駅によって違ったみたいですよ」

「黒石さんは、同日に自宅のある降車駅で、電車の乗降口からホームに倒れ込んで怪我をされたんですよね？」

「ええ。顔面から落ちてしまって……意識を失いました」

ほほほ、と楽しそうに笑う。

「歯もごっそり失っちゃいましたけどね」

「それは大変でしたね……」

「それで、顔の怪我なもので卒業までもう殆ど登校していないんですよ」

「あの駅が怖かった？」

「それもありますね」

「このときの体験というのは、今にして思えば何だったんだと思いますか？」

「私が倒れたときの電車というのは、記憶の中の快速電車なんです。つまり現実にあの時間の快速電車に乗っていたのは間違いないんです」

「あの駅には快速は停まらないんでしょう？」

「それも一応説明は付くんです。あのとき私が乗り逃してしまった電車とほぼ同時に下り線の普通列車が出ています。それに乗っていれば一駅先で快速列車に乗り換えられる……。そうとしか考えられないんです」

「ああ、所謂キセル行為」

「でも、そんな知識はなかったんですけどねえ。つまり、駅での記憶は本当じゃないことになるんです」

「それは受け入れられますか？」

「……いいえ」

「あの二人については？」

「何とも言えないですねえ……」

「生きていると思いますか？」

「真鳥優子は死人の顔色をしていました。あの男性については……」

「何か？」

「偶に視線を感じるんですよ。……とても控えめなそれをね」

次、停まります

三年前のことになる。内藤さんは母親を見舞うため、殆ど毎日のように病院に通っていた。駅から離れた場所にあるため、運転免許のない内藤さんにはバス以外の手段がなかった。仕事を終え、まずは病院に向かう。母は息子の身体を気遣い、毎日来なくて良いと言うのだが、あと何年一緒にいられるか分からない現状を思うと、いても立ってもいられなかった。行きはともかく、帰りのバスは殆どと言って良いほど内藤さん一人きりである。毎回貸し切りの状態は、自然と運転手との距離を縮める。

何人か交代で勤務しているようだが、その中の岩井という運転手とは特に馬が合い、話が弾んだという。

岩井は内藤さんと同じく、読書と映画を趣味としており、話題が尽きることはなかった。運転手としての経歴は長く、運転も上手い岩井だが、一つだけ妙なことがある。金曜日の夜に限って、誰も降りない停留所に止まり、降車ドアを開けるのだ。偶々間違えただけかと思ったが、毎回のことだ。色々と理由を考えてみたが、どれもしっくりこない。

とうとう我慢できなくなった内藤さんは、思い切って岩井に訊いてみた。岩井にとっては想定内の質問だったらしく、即答された。

「ああ、すいません、御迷惑お掛けします。理由はあるんですが、言うとおかしな奴だと思われるんで」

そう言われると、余計に気になるのが人間だ。茶化さずにしっかり聞くからと尚も頼むと、岩井さんは困ったように笑い、話を始めた。


あの停留所から歩いてすぐの所に、小さな家が建ってるんです。左の窓から見えますよ。庭に桜の木が植わってる青い屋根の家。

お婆さんが一人で暮らしていて、よくこのバスを利用してたんですよ。

多分、診療科目の都合だろうけど金曜日だけ。時間の掛かる治療らしく、帰りが遅いんです。

当時の僕は土曜日に釣りと決めてたから、必ず金曜日に勤務入れてたんですよ。

そんな訳で、しょっちゅう顔合わせるもんだから、何となく話し相手になっちゃってね。お婆さん、独り暮らしで寂しいせいか、何でもかんでも話してくるんです。自分の病気のことも話してくれるんだけど、聞いてたらどうも質の悪い病気に思える。

本人は元気満々を装ってるんだけど、どんどん痩せてくのが分かるんです。自分でも分かってるらしく、飼ってる猫の心配ばかり話すようになってきてね。あたしが死んだら、あの子はどうなるのかしらとか。今のうちに里親を見つけたほうが良いんだけどねとか。流石に僕が引き取りましょうかとは言い難い。ペット飼った経験がないのに、ここまで愛されてる猫を育てる自信がなかったですね。

ある日を境に、お婆さんはバスに乗ってこなくなりましてね。入院したのかなと思ったんですが、確かめようがない。

うっかり、名前を聞きそびれてたから、調べようがない。家の場所は分かってるから、今度調べに行ってみようと思い付いた日に、漸くバスに乗ってきた。ああ良かった、大丈夫ですかと話しかけたんですけど、黙って微笑むだけなんですよ。

話し好きなのに珍しいな、まだ回復してないのかなと。降りなきゃならないバス停でボタン押さないのも、そのせいかなと。

で、気を利かせてバスを止めてドアを開けたんです。そしたら、ふらふらぁって歩いてきてね。

降りるときも会釈して、老人パス見せて、終始無言でした。やっぱり体調が悪いんだろうなって心配になって、他にお客さんいなかったんでね、ちょっと停まったまま確認したんですよ。

そしたら姿が見えないんです。あれ、おかしいなと。あの家までまっすぐな道だから、見失う訳はないんだけどなと。

とりあえず、いつまでも停まってられませんから、出発したんですけど。

翌週も同じことが起きて、流石に確かめたくなりました。休みの日に家まで行ってみたら、忌中の札が貼ってありました。

周りは空き家だらけで、何があったか確認できないんですよ。そういえば猫はどうしただろうとは思うものの、これも確認できない。

何と言ってもこっちは赤の他人ですから。だから分かったのは、お婆さんが亡くなったことだけでした。

え？　ええ、そうです。亡くなってます。それから毎週金曜日にバスに乗ってきますけどね。

ごめんなさいね、怖がらせちゃって。何かするような幽霊じゃないはずです。

多分、病院で亡くなったんだけど、猫のことが心配で心配で家に帰りたいって気持ちだけが残っちゃってるんでしょうね。

「当分、金曜日の勤務は続けますよ。バス停に停まる必要はないのかもしれないけど、これぐらいしかできないんで。自己満足ですけどね」

そう言って、岩井は大好きな釣りの話を始めた。

その夜もいつもと同じようにバスを停め、ドアを開けた。岩井の話を聞いたせいか、内藤さんもすぐ側を誰かが通った感触が得られたという。

シンソウ

今から二十年ほど前、金子さんが高校生のときのお話。

実家から高校までは結構な距離があるので、バスで通学をしていた。

田舎町であるため、多い時間帯でも一時間に二本しかバスが通らない。

元々、寝坊癖のある金子さんはバスに乗り遅れることが多く、遅刻の常習犯となっていた。


入学から半年ほど過ぎた朝、金子さんはバス停に一人で立っていた。

既に始業時刻に間に合うバスは発車してしまっている。

(まだ十五分もあるのか……)

彼は腕時計を確認しながら、だるそうにしていた。


漸くバスが到着したので乗り込む。

乗客は彼の他には二人乗っているだけであった。

最後列から一つ前の左側の席に腰を下ろす。

（まあ、このバスのメリットは座れるってとこだよなぁ）

始業時間に間に合う時間のバスは、学生達ですし詰めの状態になる。

通常なら最後列から上級生の不良が陣取るため、金子さんはバスの中央付近で通学ラッシュに揉まれるのが常だった。


バスが三つ目の停留所に停まると、視界に嫌な存在が映る。

（ヤバっ、飛鳥先輩じゃん）

ぺしゃんこに潰れた鞄を片手に、悠然と乗り込んでくる。

金子さんは伏し目がちに「ちぃーすっ」と挨拶をすると、「おう」と言いながら最後列の中央にドスッと腰を下ろした。

「またお前は遅刻かよ、どうしようもねぇ奴だな」

「ちぃーす」

人のことを言う前に、お前はどうなんだよ、という気持ちを抑えてその場をやり過ごす返事をする。

三年生の飛鳥先輩は校内一の不良で、怒らせるととんでもないことになると噂されていた。

二人の出会いは金子さんが入学したての頃のこの時間帯のバスであった。

ガラ空きのバスであったので、最後列の窓側に陣取る金子さん。

そこに乗り込んできたのが飛鳥先輩だ。一見してヤバそうな雰囲気を察した金子さんは、外の景色を見ている振りをする。

飛鳥先輩は金子さんから一席空けた場所にドスッと腰を下ろすと、「ふーっ」と大きく溜め息を吐いた。

「一年坊だな、まだルールを知らないってか？」

金子さんも所謂不良と呼ばれる短ラン、ボンタンを着てはいたが、喧嘩は得意なほうではなかった。

中学時代はそこそこの立場にいたが、高校は別のレベルなのだと痛感する。

「俺、飛鳥っつーもんだけどよ、後ろは先輩の場所なんだわ」

「いや、でも、こんだけ空いてるのに……」

「あああーーーーんっ？」

怖さで下を向いていると、そのまま座席から引き摺り出された。

「だぁーかぁーらぁー、分かってもらえたかなぁーー？」

　コクコクと金子さんが頷くと、「挨拶はちーすって言うのよぉー、身体で覚えたほうが早いか？」と畳み掛ける。

「ち、ちーすっ！」

「そう、それでいいんだわ」

　まさしく最悪の出会いであった。

　飛鳥先輩は隣の地区の中学出身であったので、金子さんはこのときまでその存在を知らなかった。

　もっとも、飛鳥先輩は大抵は昼頃のバスに乗るため、今後はそうそう出会うこともないといえる。


　気まずい空気のまま、バスは動き続ける。

　高校に到着するまでは、あと二十分以上も掛かるはずである。

　そんなことを考えているとき、停留所にバスが停まった。

　窓から外を眺めても乗客はいない。

　時間合わせのための停車か、そう思い目を閉じた。

「あ……いや、嘘だろ……」

後ろから独り言のような声が聞こえる。

振り返ると飛鳥先輩が目を見開き、口元を震わせていた。

そのような表情など見たことはなかったが、明らかに驚いているように見える。

飛鳥先輩の視線の先に顔を向けるが、特に何もない。

一体何に対しての怯えなのか。

その思考を妨げるように、飛鳥先輩は奇声を発した。

「っつ、てめえ、この野郎ぉ――！」

そう言いながら、何もない空間に挑みかかっていく。

途中、通路でもんどりうちながら、そのまま下車してしまった。

金子さんが唖然としていると、両腕を前に伸ばして何かを掴むような体勢を取っている。

「お客さん、乗らないの？　もう出るんだけど」

運転手が乗車口から身体を乗り出し声を掛けるが、飛鳥先輩は声を荒らげる。

「うっせぇ！　それどころじゃねぇのが分んねぇのかよ！」

はぁー、と溜め息を吐いた運転手は運転席に座り直し、バスを発進させた。

窓から見える飛鳥先輩の姿は、どんどんと遠ざかっていく。

その姿はまるで、見えない何者かと喧嘩をしているようであった。

暫くして高校にバスが到着し、定期を見せて降りようとする。

「お兄さん、あの人の鞄も持っていってよ」

振り返ると座席に鞄が置きっ放しになっていた。

「いや、関わりたくない人なので……」

「ふーっ……」

不快感を示す溜め息がドアが閉まる前に聞こえた。


それからの半月ほどは、バスの中でも校内でも飛鳥先輩に出会うことはなかった。

しかし、別なクラスの奴から呼び出しを食らう。

「飛鳥先輩が体育倉庫に来いってよ」

この時点で嫌な予感しかしない。

足取りも重く、体育館倉庫の扉を開ける。

「よぉー、お前、金子っていうんだってな」

やつれたような顔つきの飛鳥先輩の目は濁っているが、奥から強い光を発していた。

一見してもそれと分かるほどに、ヤバさに拍車が掛かっているようであった。

「聞きたいことがあってな……。あの日、ショウがいたのかどうかだ」

「へっ、あの日？　ショウ……？」

「いたのかいねぇのか、どっちよ！　おう！」

余りの迫力に殴られると思い、身を竦めてしまう。

「ちっ……」

舌打ちをすると飛鳥先輩はその場に腰を下ろし、ゆっくりとした口調に変わる。

「殴んねぇから答えてくれ。あの日、ショウがいたかどうか。……お前に見えてたかどうかだ」

探りながら返事をすると、あの日とは飛鳥先輩のバスでの奇行のことであるように思えた。

「えーと、先輩が何かと戦っているような……。それがショウなんでしょうか……？」

「いたのか？　ショウはやっぱいたんだよな？」

いたと答えることが正解なのか、いなかったと答えるべきなのかで悩む。

「黙ってないで答えろよ！　どっちなんだよ！」

「……そもそもショウって何ですか？」

「あー、もう、だからよぉー」

飛鳥先輩の話によると、金髪を逆立てた百七十センチくらいの男のことらしい。

ガタイは飛鳥先輩よりも一回り大きい筋肉質な人らしい。

「えーと、言いづらいんですが、あのときは先輩が一人で暴れていて……。ショウさんも他の人もいなかったと思うんですが……」

「おい、ショウなんかに、さん付けするんじゃねぇ！」

「あ、はい、そう思います！」


「ちっ、やっぱ見えてねぇのかよ……」

ポツリと呟いた後、飛鳥先輩は考え込む。

金子さんは早くその場から退場したいが、空気がそれを許してはくれない。

それから五分ほど経過しただろうか。

「ふっ、あはははははは」

突然、飛鳥先輩は奇妙な高笑いをし始めた。

理解できない状況に金子さんはただただ身体を固くする。

「はぁー、もうなるようにしかならんわな。潰しちまえばいいのかな、そう思うだろ？」

「は、はぁ、そうですね……」

「じゃあ、どうやって潰したらいい？　おい、答えてみろよ」

目の座った飛鳥先輩は威圧的な視線を投げてくる。

答えようもなく金子さんが黙っていると、一瞬で表情を緩める。

「ふっ、お前に言ってもしょーがねぇな。ヒロシもコウジも見てねぇって言うし、やっぱアレはオバケだな……」

（お化け……ショウさんはお化けなのか……？）

「もういいわ、行っていいぞ」

金子さんはペコペコと頭を下げながら、体育館倉庫を後にする。


教室まで戻る間、ずっとショウという存在について考えていた。

お化けというものはあり得ないし、飛鳥先輩は幻覚を見ているのではないだろうか？

その幻覚に怯え、やつれたと考えるのが一番腑《ふ》に落ちる。

「カーネやん、なーに難しい顔してんの？」

突然、羽交い絞めをするように同じクラスの正樹が絡んできた。

「あ、いや、何でもない。ちょっと飛鳥先輩に呼ばれただけだから」

「は？　マジ？　何かしたん？　ボコられて……はないようだな」

金子さんの全身をマジマジと見ながら、正樹は確認する。

「で、何で飛鳥さんがお前を呼び出すのよ？　ヤバいって、それ」

正樹は飛鳥先輩と出身中学が同じであるため、その怖さを十分に知っているらしい。

「いやぁ、何かお化けがどうとか……」

「は？　あの人、そういう趣味があんの？　で、何でお前？　そういう趣味あったっけ？」

「いやぁ、ショウってお化けがね……」

「馬鹿お前！」

正樹は慌てたように金子さんの口を塞ぐと、周囲をキョロキョロと見渡す。

「ちょっとこっちに来いよ」

促されるまま廊下の隅まで来ると、正樹は小さな声で話し始めた。

「おな中の奴もいるんだし、飛鳥さんだけじゃなく、ヒロシさん、コウジさんの耳に入ったら、お前殺されるぞ」

「は？　何？　どういうこと？」

正樹の言っていることが理解できないため、説明を求める。

ただ何処で誰が聞いているのか分からない環境で話すことは難しいということで、学校を抜け出した。

「で、どういうことなの？」

秋も深まり、すっかり気温が低くなったことから人気のない河川敷に腰を下ろし、詳細を聞く。

飛鳥先輩は中学でも一番の強さを誇っていたらしい。

ヒロシさんとコウジさんはその下に付き、つるんでは法で裁かれるようなことを繰り返していたという。

普通であれば警察のお世話になるようなことも、飛鳥先輩の家が地元の有力者ということもあり、揉み消されてきた。

飛鳥先輩の素行に関する噂が金子さんの中学まで伝わってこなかった理由は、どうやらそこにあるらしい。

「で……ショウさんね……」

飛鳥先輩とは同級生で、なりは不良のものではあるが、筋の入った男気があった人だという。

下らないイジメやカツアゲを繰り返す飛鳥一派とは対立を繰り返し、何かあるごとに常に揉めていた。

「みんな怖くて絡みたくないじゃん。でも、ショウさんは一人で立ち向かっていたんだよな」

彼らが中学三年の晩秋、突然、ショウさんは姿を消した。

何も情報や手掛かりがないため、そのうちに失踪として処理されたらしい。

「ショウさんがいなくなってすぐの頃は、三人とも大人しくなったんだよ」

関係が良好とは思えなかったが、ショックを受けているのだろうと周囲は判断していた。

ただその状態は三カ月も経たずに終わる。

むしろ歯止めがいなくなったことにより、悪行に拍車が掛かっていった。

「でな、これはあくまでも噂だぞ……。……噂だからな」

——三人が……又は飛鳥先輩がショウさんを殺したという……。

噂の出所は喧嘩のときの台詞。

『てめぇもショウみたいに死にたいのか！』

失踪扱いの人が死んでいると言い切る矛盾。

また、ショウさんが失踪する前夜、三人の後について歩く姿を見たという人がいたらしい。

「だからな、不用意な話はするんじゃねぇぞ。ショウさんの話はなかったことになってるんだからな」

正樹の剣幕に金子さんは頷くしかなかった。

それから二週間が過ぎた。

飛鳥先輩を見かけたことは何度もある。

既に金子さんのことはどうでもいいようで、すれ違っても声を掛けられたりすることはなかった。

ただ、見かけるたびにやつれ具合の進行が窺《うかが》えた。

「カーネやん、何見てんの？」

後ろから飛びついてきた正樹は、金子さんの視線の先を辿ると、小さな舌打ちを一度した。

「カネやん、ほっとけって。……呪われてるって噂だぞ。だから関わんなよ」

周囲には聞こえないように、正樹は小声で呟く。

（呪われてる……？　ショウさんに……？）

目配せした金子さんの反応で、正樹はまた人気のないところまで腕を引っ張っていく。

「え、お前聞いてないの？」

六日前にコウジさんが……そして先日、ヒロシさんが行方をくらましたという。

「そもそも俺、二人の顔もよく知らないし……」

正樹の中学時代からの友人の間では、ショウさんに呪い殺されたという噂になっているらしい。

「は？　単なる家出とかじゃないの？　呪いとかって訳分かんないんだけど」

「いやいやいや、あの行動はヤバいっしょ。呪いじゃなかったら、何だっていうのよ」

正樹の話によると、三人とも何もない空間を相手に取っ組み合いのような動きをしていたという。

「ショウ！　殺してやる！」「今度こそ息の根止めてやる」などという物騒な言葉を発しながら。

「だから俺らの間じゃ、次は飛鳥さんだな、ってなってるわ。順番なんでしょ」

正樹の言葉から、バスの中での出来事が思い出される。

（いや、でも、ショウさんもコウジさんもヒロシさんも、みんな死んだことになっているのは無理があるって……）

仮にショウさんが殺されていたとして、死体が見つからないことなどあり得るのだろうか？

それに先の二人は霊に殺されたという話だが、その場合の死因も不明な上、死体は何処に隠されていることになるのだろう。

余りにも真剣に語る正樹の手前、飛鳥先輩には関わらないことを約束し、呪いを信じている体を演じることにした。
その日の下校時間、金子さんはバス停までの道を歩いていた。
周囲には部活動に参加していない生徒もぞろぞろと連なっていた。
(正樹の奴、何処に行ったんだよ。先にバス停まで行っちまったのか？)
そんなことを考えていると、背後から叫び声が聞こえた。
「ショウーーーー！　てめぇーーーーー!!」
金子さんが振り返ると同時に、顔面に熱い痛みが走る。
崩れ落ちた金子さんは一瞬で胸倉を掴まれ、引きずり起こされる。
(え？　何、何？　何なの？)
涙で滲んだ視界には、鬼の形相の飛鳥先輩の姿が見える。
「今度こそとどめを刺してやる」
その台詞が終わると、全身に強い痛みを感じた。
……そしてそのまま意識を失った。
気が付くと大勢の人が取り囲んでいた。
顔や身体には鈍い痛みが残り、気が付いた金子さんを覗き込むように数人の教師の顔が近付き、安堵の表情を浮かべた。

「救急車じゃなくていいんでしょうか？」

「呼ぶよりも走ったほうが早いでしょ。意識もあるようだし」

「では桜井先生は彼を病院へ連れていって、その後、家まで送ってください」

「我々は職員会議でアイツの処分を検討します」

ぼんやりとした頭の中で、何となく事情が掴めた。

病院へと搬送してくれている担任教師の車中で、他愛のない会話がなされた。

「あくまでもお前は被害者だからな……。相手の親御さんとの話し合いも、全部大人に任せなさい」

「はぁ……」

病院へ着くと、頭部を打っている可能性もあるからと精密検査が行われることになった。

駆けつけた母親にも事情が説明され、結局、そのまま三日間ほど入院生活を送った。

「で……それっきり飛鳥先輩を見ることはなかったんです」

突然殴りつけられたあの日、完全に意識が飛んで倒れている金子さんを飛鳥先輩は殴り続けた。

周囲の生徒は恐怖の余り、教師に助けを求めに走ったという。

だが、教師が駆けつける前に飛鳥先輩は姿を消していた。

「ショウ、逃げるのか！」

そう叫びながら、見えない何かを追いかけるように走り去ったという。

「まあ、運が良かったのは、一般的な後遺症のようなものが残らなかったことですかね……」

目撃した生徒の話によると、倒れた金子さんの頭部はそのままの状態で何度も殴られ、死んでいてもおかしくはない状況下にあったらしい。

飛鳥先輩の両親からは多額の慰謝料が支払われ、そしてそのまま引っ越していってしまったという。

ここまで事件が大事になり、田舎町で暮らし続けることが厳しくなったのだろうか。

また、一人息子である飛鳥先輩が失踪したことが辛すぎたのだろうか。

その真意は誰にも分からない。

「もう、今となっては飛鳥先輩に対して、何も思うことはなくなりましたねぇ。飛鳥先輩とショウさんの間に何があったのか……。それも……」

金子さんが検査入院をしているとき、洗面所で歯を磨こうとした。

何の気はなしに見た鏡に映っていたのは、金髪で角ばった顔をしている男の顔であった。

その男は目尻を緩め、優しい笑みを投げ掛けてきた。

唖然としている間にその顔は薄れていき、金子さんの顔が映り込んだ。


また、金子さんが高校三年の初冬。

バス通学の途中、ある停留所に停まった。

窓から見下ろす風景に、一人の金髪の男がこちらを見上げている。

何故か金子さんはその瞬間から、自分の意志というものがなくなった。

導かれたのだろうか、誘われたのだろうか。

今となってもその答えは分からない。

ただ金子さんはふらふらとバスを下車し、その男の後ろを付いていく。

町から離れ、海岸方面へ向かってはいるが、上り坂を登っていく。

漸く、切り立った崖まで来ると、その男は歩みを止めた。

金子さんのほうを振り返るように見ると、優しい笑みを浮かべた。

そしてそのまま、左手をゆっくりと上げていくと、指先は海を指し示していた。

（ああ、そうか……）

そう思うと、男の身体は霧散し、その姿を消した。

金子さんには冷たい風が吹き続けていたが、柔らかい太陽の日差しが微かな温もりを与えてくれていた。

「多分、そういうことなんだと思うんです。でも、呪いとかじゃないとは思います。あんな笑顔をする人が、酷いことをするとはとても思えませんし……」

金子さんの中では一つの答えがあるらしい。

ただ現在も、このお話に登場した四名は失踪扱いのままとなっている。

枯れる森

会社員の美香さんは有休を取り、旅行へ出かけた。

街の中心地から、バスで一時間以上掛かる場所に神社がある。情報では地味な場所だが、訪れる人の多い隠れ人気スポットとあった。

朝早く宿泊先を出ると、バスに乗った。神社は最寄りバス停から歩いて五分ほどの場所にある。国道脇の森の中に参道が見えた。その先に鳥居も見える。周囲は緑が多く静かだが、寂しく暗いという気はしない。参道で二人組の女性とすれ違った。

この場所で一時間半ほど過ごす。帰りのバスの時刻まで、まだ三十分以上あったが、これに乗り遅れると次のバスは二時間以上来ない。念のため、早めにバスを待っていようと思った。

バス停は古い標識のみで、座る場所はない。仕方なく、そこにぼんやりと立っていた。

平日の昼過ぎということもあり、目の前の国道を走る車もない。

「すみません」

ぼんやりしていると、背後から突然声を掛けられた。

男性が立っている。三十代前半くらい。整った顔をしている。服装は休日のお洒落着といった印象。ブルーのシャツがよく似合っている。

余りにも突然現れたため、どの方向から来たのかと驚く。男の印象は悪くないが、こんなところで一人ということもあり、美香さんは警戒した。

「すみません。ちょっと見ててもらってもいいですか」

男は神社とは違う方向の森を指差している。そちらの方向。二人のいる場所から少し離れたところに、地元ナンバーの乗用車が一台停まっていた。

(あの車が故障したのかな)

何か困っているのかもしれないが、ここにいるのはバスが来るまでだ。いきなり頼みごとをされても困る。最初は気にならなかったが、話をしていると男の独特な臭いも気になった。

美香さんの返事を待たずに、男は足早にその場を離れていく。そのまま森に入っていった。男の後ろ姿を見ると、背中が濡れて色が変わっていた。

(あの臭い。湿った土の臭いだ)

男の入った方向は手入れがされておらず、枝も雑草も伸び放題。そこへ何の抵抗もなく入っていくと、姿が見えなくなった。

頼みを聞くつもりはないいし、バス停から動く気もない。男が入っていったほうに道はなく、建物もないはずだ。観光するような場所もない。どのような目的があってそちらへ向かったのか、想像もできなかった。

男の入った辺りの木の葉の色が赤い。紅葉ではなく枯れている。恐らく根から駄目になっている木があり、その木の葉の色だけが赤くなってしまっていた。

バスを待つ時間が長く感じる。

(森の奥に入って、一人で何をしているんだろう)

嫌な予感しかない。男にもう会いたくなく、戻ってきてほしくなかった。


予定時刻より五分ほど遅れてバスが到着した。美香さんは逃げるように乗り込んだ。停まっているバスの車内から森のほうをずっと見ていたが、男は現れない。

バスが動き出す。少しほっとした。それと同時に視界の隅に人のようなものが見えた。すぐ横の窓の向こうに人が立っていたような気がした。

車内には美香さん一人しか乗っていない。後方の二人掛けの椅子の窓際に座った。何度か背後から溜め息のようなものが聞こえ、肩を叩かれたような気がした。後部座席に誰も座っていないのを知っている。視界の隅に青いものが入ったが、座席シートの青い色が目に入っただけだと自分に言い聞かせた。

窓の外の景色を見たかったが、ガラスに誰か映っているような気がして、ずっと下を向いていた。

その日の深夜。

「たすけて」

誰かの声でこう聞こえて目が覚めた。

暫くして、あの森で首吊り自殺している人が多数いることを知った。

性欲トラック

トラックドライバーの尾田さんが、まだ若かった頃の話。

尾田さんが仕事で地方の国道を走っていると、田んぼや畑の間に点在する空き地に粗末なプレハブやテントみたいな建物がよく建っていた。

建物の正体は、エロ本やアダルトグッズなどの自動販売機コーナーだった。

最近は数が大分減ってきたようだが、尾田さんが若かったその当時は精力の有り余る男性ドライバー達にとって、かなり重宝な存在だったという。

ある夏の夕方、仕事を終えた尾田さんが東京に向かってトラックを走らせていた。

すると道路脇左側の空き地に「おもちゃ」とペンキで汚く書かれた、小さなプレハブ小屋が見えた。

それを見てムラムラとした尾田さんは、すぐにトラックを停めて小屋に向かった。

本当は風俗にでも行きたかったが、金がないので本で我慢することにしたのだ。

プレハブの中は薄暗く、自販機の光が内部を怪しく照らしている。

尾田さんは暫く自販機内の商品を物色し、人妻物のエロ本を二冊買った。

「こんなエロ美人が、彼女にいたらなぁ」

下らないことを呟きながら、尾田さんはプレハブを出た。

結構時間が経っていたのか、辺りは先ほどよりも薄暗くなっている。

「やばい、早く戻らないと」

尾田さんが慌ててトラックに近付くと、助手席に何か蠢《うごめ》いているのが外から見えた。

それが何だかはっきりと分からなかったが、その質感や形状から丸みのある女性の肢体のように思えた。

「幾ら溜まっているからって、助手席に女の姿を見るなんて情けないぜ……」

尾田さんが運転席側からドアを蹴ると、もちろん車内には女どころか誰もいない。

だが、尾田さんは車内から漂ってきた臭いに顔を背ける。

「ぶはっ、何だこれは？」

尾田さんには、その臭いに覚えがあった。

男女が性行為をする際に発する体臭や体液の混じり合った臭い、それの強烈な奴だ。

愛し合っている最中の男女には香水のごとき香りかもしれないが、自分のトラックの座席でやられては堪《たま》らない。

見知らぬカップルが、無断でトラック内に入り込んだか？

だが、トラックには確かに鍵を掛けたし、座席で男女が濃密に愛し合う時間などなかったはずだ。夕暮れとはいえまだまだ明るいし、トラック自体も車通りの多い国道脇に停めてあった。

そんなトラックの車内で、アレをいたすのは余りにも無謀だ。

尾田さんは窓を全開にし、不快な顔をしながら東京の職場にトラックを走らせた。

それでも車内の臭いは、なかなか消えなかった。


尾田さんが東京の会社に帰り、駐車場にトラックを駐めようとしている最中、近くの喫煙所で煙草を吸っていた同僚達が、何故かこちらを囃《はや》し立ててくる。

「何を騒いでいるんだ、アイツら？」

尾田さんがトラックから降りると、同僚三人が近寄ってきた。

「尾田、すげえなお前。裸の女を助手席に乗せてくるなんて」

「はぁ⁉」

尾田さんは、ニヤニヤと笑う同僚達を怪訝《けげん》な顔で見回す。

彼らの話によると、尾田さんがトラックの助手席に上半身裸の女性を乗せたまま、駐車場に戻ってきたのだという。

「彼女、早く降ろしてやれよ」

同僚の一人がトラックに駆け寄って、助手席側のドアを開ける。

もちろん、裸の女など乗っていない。

「お前達、アホじゃないのか」

尾田さんは呆れ顔で言ったが、三人は「確かに、細くてスタイルのいい裸の女が乗っていたのを全員が見ているんだよな～」と顔を見合わせて言った。

「馬鹿馬鹿しい！」

尾田さんは、そんな三人を残して事務所に向かった。

途中、座席に自販機で買ったエロ本を置いてきてしまったことに気が付いた。

「まあ、後で回収すればいい」

そう思って自分のデスクにまで来たとき、彼は硬直した。

デスクの上には、買ってきた二冊のエロ本が何故か置いてあった。

そのうちの一冊の表紙を飾る細身な人妻モデルは、蠱惑《こわく》的な笑みを浮かべ、尾田さんを誘惑しているようだったという。

九月六日の海

現在三十代の女性、藤浦さんが、大学生だった十年ほど前の出来事である。裕福な家に生まれ育った彼女は、両親にねだって赤いスポーツカーを買ってもらい、夜遅くまでドライブを楽しんだり、怪異が起こると噂される場所へ探検に出かけたりするようになった。

彼女の地元は海沿いの洒落た観光地で、元来、夜遊びをする若者が多い土地柄なのだ。

初秋の夜、藤浦さんは女友達を助手席に乗せて、いつものように海辺へ向かった。砂浜近くの駐車場に車を駐めて、朝までお喋りをするつもりだったという。

駐車場には街灯が設置されている。車から降りて、近くのガードパイプに並んで腰掛けると、共通する友人知人の噂話やら、好きなスポーツ選手や芸能人の話などをした。話題が尽きることはなく、たちまち時間が過ぎて、時刻は午前三時を回った。

駐車場にも、真っ暗な砂浜にも、他に人気はない。寄せては返す波の音だけが聞こえてくる。それに混じって、幽《かす》かなものながら、甲高い音が聞こえてきたという。

ニャ……ニャ……。

ニャ……ニャ……。

「ごめん、ちょっと……。あれ、何だろう？」

その音が気になった藤浦さんは、女友達の話を中断させると、耳を澄ませた。

ニャ……ニャ……ニャイ……。

ニャ……ニャ……ニャイ……。

海のほうから聞こえてくる。

「猫の鳴き声かな？　それとも、ウミネコ？　でも、何か違うような……」

「あたしには、波の音しか聞こえないけどねえ」

女友達は首を傾げている。

間もなく甲高い音は途絶えてしまった。

「風の音だったのかなぁ？　まあ、いっか」

藤浦さんは気にせずに、お喋りを続けることにした。

だが、暫くすると、
ニャ、ニャ、ニャ……ニャアイ……。

ニャ、ニャ、ニャ……ニャアイ……。

また同じ音が、先ほどよりも大きく聞こえてきた。音を発する存在が、こちらに近付いてきているのだろうか？

しかし、つい先ほど、女友達から否定されていたので、気のせいだろう、と考えることにした。気にしないようにして、また暫く話をしていたところ、

ニャニャニャ、ニャアイ！　ニャニャニャ、ニャアイ！

ニャニャニャ、ニャアイ！　ニャニャニャ、ニャアイ！

という音が、かなりはっきりと聞こえてきた。波打ち際から陸に上がり、こちらに向かって砂浜を移動してきている――そんな気がした。

ザクザクザク、ザクザクザク……。ザクザクザク、ザクザクザク……。

と、砂を踏む足音も聞こえてくる。

(あれは、猫の声でも風の音でもない。多分、人の声だわ！　小さな女の子の声？)

藤浦さんは急に気味が悪くなってきた。

思わず黙り込むと、砂を踏む足音は聞こえなくなった。そして間近から、

ニャニャニャ！　ニャアイ！

と、ひと際大きな声が聞こえてきた。

声の主が、舗装された駐車場に入ってきたらしい。

姿は見えなかった。何を言っているのか、意味は分からないが、嫌な予感がする。

その直後であった。目の前から、

「お姉ちゃん！」

幼女の甲高い声が響いた。やはり幼女の姿は見えない。

「お姉ちゃん！　お姉ちゃん！　お姉ちゃん！　お姉ちゃん！」

藤浦さんは悲鳴を上げて、ガードパイプから飛び上がった。その場から逃げ出して、愛車のスポーツカーに駆け込む。女友達が慌てて付いてきた。

「よ、呼ばれたのよっ！　さ、さ、さっきから、だんだん、近付いてきてたのっ！」

状況を説明しようとしたが、すぐには話を纏めることができなかった。

とはいえ、何となく言いたいことは伝わったようで、女友達も車に乗り込んできた。

急いでエンジンを掛ける。同時に自動でカーナビゲーションが起動した。

女性の声が勝手に流れ始めて、

「今日は九月六日。妹の日です」

と、告げた。

「やだ！　怖いっ！」

藤浦さんは大急ぎで車を発進させ、その場から離れた。

妹の日とは、漫画家の畑田国男氏が、スポーツや芸能界で活躍する女性の多くが兄や姉を持つ〈妹〉であることに気付き、彼女達を讃えるため、一九九一年に制定したものである。九月六日が選ばれた理由は、占星術の影響で、八月二十三日から九月二十二日の乙女座が、世の妹が持つ可憐《かれん》さを象徴していると考え、その中間の前日が選ばれたのだという。

藤浦さんは長女で、弟しかいない。女友達には兄と妹がいるが、存命である。幼女の声が何者で、何のために「お姉ちゃん」と呼び続けていたのかは、長いこと謎であった。

その後、藤浦さんは何度か友人知人にこの話をしたことがあった。すると、知人の一人から、こんな話を聞いたそうだ。

『これより十年以上前のことだが、例の砂浜へ海水浴に来た家族がいた。その一家の幼い末娘が溺れかけ、近くで一緒に泳いでいた姉が助けに行ったところへ突然、大波が襲ってきた。姉だけが波に攫われて沖合に流され、大分日が経ってから遺体となって発見された。遺体は左右の眼球や唇、舌などを魚に食われて、無惨な状態になっていた。逆に妹は岸辺まで流されて家族に助けられ、一命を取り留めた』

という悲しい事故が起きていたらしい。

亡くなった姉は生きていれば、藤浦さん達と近い年頃だったのではないか、とのことである。

星に願いを

流れ星に出会ったら、願い事を三回唱えると叶うという。
とはいえ、偶然を恃《たの》んで夜空を見上げるのもなかなか億劫《おっくう》だ。
だから、獅子座流星群に狙いを定めた。
星が流れる瞬間を見計らって、短く三回唱えた。
「お金！　お金！　お金！」
後日、子供が交通事故に遭った。
少なくはない保険金が入るらしい。

カセットテープ

「最近の車には、もうそんなものが付いているとは思えないけどさ」

佐藤さんの車には、大分最近まで、カセットデッキが搭載されていた。しかも、オートリバース機能がないデッキだったという。

「古い時代の話だから、通じない人もいると思うんですけど、昔はドライブ用にオリジナルのテープを作るってのが流行ったんですよ」

六十分テープは片面が三十分。この片面に一曲五分の曲を五、六曲入れる。ドライブの最中にA面が最後まで到達してしまえばテープをイジェクトして、今度はB面を掛ける。そんな時代があったのだ。


「僕が作ったテープのA面の最後が、三分くらい空白だったんですよね」

ある日、ドライブの最中に、作ったばかりのオリジナルテープを掛けた。

三十分近く経って、曲が終わった。そのまま無音の部分を最後まで再生する。サーっという微かなホワイトノイズがスピーカーから流れている。

そのとき、助手席に座っていた人間が不思議そうな顔をした。

「あれ、何でこんなに音小さいの。今、ラジオか何か流れてるよね」

「A面の最後は何も入ってないぞ」

「いや、何か言ってるぞ。ボリューム上げてみろよ」

まさかオリジナルテープを編集するときに、生活音を録音してしまったのだろうか。

佐藤さんはスピーカーのボリュームを上げた。

ノイズの音量が大きくなる。

突如大声で、女性の声が流れた。

「私この部屋で死にました」

ガシャン。

カセットテープのA面の再生が終わった。

川崎→千葉

彼女の学生時代の話。友人と神奈川県川崎市界隈で夜遊びした。

オールでも体力が有り余っている年頃なので、仮眠も取らずそのまま車を運転して千葉の自宅を目指した。

川崎から東京を挟んで千葉へ行く道は幾らもあるだろうに、免許を取ってまだ間もない彼女は一般道をひた走っていた。しかも、甲州街道を抜けて渋谷から六本木通り、そこから皇居を経由して葛西橋を抜けるルートを選んだ。加えて平日の朝である。都内で日常的にハンドルを握っている人ならまず選ばない渋滞道に、吸い寄せられるようにして走る。

案の定、車の流れは最悪で、信号が青でも車列は一向に進まない。

ダッシュボードのデジタル時計は、午前八時を少し過ぎた辺りを指している。

渋谷の交差点で信号に捕まり、標示された国道の分岐を示す青い道路標識を見上げた。

「道は合ってるよね」

そして、ハンドルを握り締めたまま彼女は視線を道路前方に戻す。

そこは渋谷ではなく、六本木でもなかった。

道幅が広く、空も広い。

「えっ？　あれっ？」

まだ渋谷だよね？　今、渋谷の交差点にいたよね？

しかし目前には、千葉県浦安市の風景が広がっていた。

時計を確かめてみると、午前九時半。

渋谷から千葉まで、標識を見上げて視線を落とすまで彼女の意識の中では数秒に満たないのだが、車載の時計は順当に走れば掛かったであろう時間が過ぎていた。

幼い記憶

澪《みお》さんには、幼い頃の記憶がある。その一つは、車に乗って窓の外を見ているというものだ。

ハンドルを握っているのは父親だ。幼い自分が愚図《ぐず》ると、彼はすぐにドライブに連れ出してくれる人だった。

彼女は特に高速道路の長いトンネルが好きだった。オレンジの光がリズミカルに通り過ぎていく光景は、殊の外、彼女を喜ばせた。

だが、トンネルに入ると、時々不思議な光景に出会った。通り過ぎるオレンジの光が、偶に五、六個連なって窓の外を並走するのだ。

それが見えたときには、トンネルが終わらなくて凄く嬉しかった――。

「あたし、小さいときにトンネル好きだったよね」

澪さんは秋の行楽日和に久しぶりの父親とのドライブを楽しんでいた。現在ハンドルを握っているのは彼女だ。

助手席の父親はリラックスした様子で、シートに背を預けている。

「ああ、よく車に乗せて走ったもんだよ」

家は名古屋なので、そこから高速で西に向かい、大津や京都東あたりで下りてUターンしてくるというルートが定番だった。最長では神戸の須磨インターチェンジまで行ったこともあるらしい。

今の澪さんからすると、高速代も馬鹿にならないということが想像できる。

「お前がトンネルに入ると喜ぶから、つい高速を使ってしまったけど、時々変なことがあったなぁ――」

父親はにこにこしながら、当時の不思議な体験を教えてくれた。

高速道路のトンネルは、長いものも短いものもある。もちろん速度にも依るが、長いものだと抜けるまでに十分以上掛かることもある。

「何処だっていうのは特に覚えていないんだけどね。時々トンネルに入ると、時間の感覚がおかしくなるんだよ。気のせい――じゃないんだ。実際に時間は過ぎていたりするからね」

どういうことかと訊ねると、父親は、お前が信じるかどうかは分からないけどと前置きをして続けた。

「トンネルに入るだろ。そうしたらずっと抜けられないんだ。高速道路だから止まる訳にもいかないし、困ったなと思いながら走り続ける。そうしたら二時間とか三時間とか経って、やっとトンネルを抜けられるなんてこともあったよ。トンネルを出た頃には明け方とかね。何でいつまでも帰ってこないんだって、お母さんに怒られたよ」

「え、そんなことって現実にあるの」

「まぁ、めったにないと思うけど、別に嘘は言ってないよ」

父親の話に、自分の幼い頃の記憶をなぞっていく。

「そうそう。お前が窓の外のほうに顔を向けて、じっと一点を見始めるんだ。これが起きると、いつも時間がおかしくなった。そんなことはお前が愚図らなくなるまで続いたけど、言葉を喋り出した頃にはもう起きなくなった」

――子育てをしていると、時々そういう変なことってあるんじゃないかな。

父親は懐かしむような口調で言った。

街道にて

モンゴルから来た留学生に聞いた話。

彼は首都のウランバートル出身だという。彼の国では首都から離れると携帯電話もほぼ通じないような状態になり、ホテルやコンビニといったサービスも少ないらしい。

首都を離れ、田舎に足を伸ばせば周囲一面何もない三六〇度地平線までの大草原という光景が広がる。舗装されている道路はいいが、舗装されていない道は轍《わだち》が刻まれているに過ぎず、川も護岸工事も殆どされていない。それこそ生の大自然がむき出しなのだ。

ある年の夏のことだ。彼は父親の車を借りて、友人達と車で半日ほどの場所まで遊びに出かけた。夕方になってさぁ帰ろうと出発したのはいいが、街道を走っているうちに日が暮れて夜になってしまった。

車を飛ばして首都を目指す。

夜中の三時に街道を走る車は、彼の運転する一台だけ。もうすぐナライハだ。

ナライハはウランバートル市の南東に位置している。日本では元関脇・旭天鵬《きょくてんほう》の出身地として名前を知られている。

ここまで来れば一安心。距離にしておよそ三十キロ。この時間だと対向車もない。あと三十分と経たずに家に着けるだろう。

「今、子供がいたぞ」

助手席の友人が声を上げた。

いやいや、そんなことはあり得ないだろう。こんな時間に街道沿いに一人で立っている子供などいるはずがない。

とにかく周囲は草原で、一切何もないのだ。

「見間違いだろ」

気にせずに走り続ける。すると、一分としないうちに、子供が街道沿いにぼんやりとした様子で立っているのが見えた。

「子供だ」

「いたよな」

午前三時。親の姿は見えなかった。

昼間でも人の姿が現れるまでに、ここから二十五キロはある。

「あ、また子供」

窓を見ていた助手席と後部座席の友人が同時に声を上げた。その姿はハンドルを握る彼にも確認できた。

「迷子かもしれないぞ」

車中が騒がしくなった。とにかく子供の姿を全員が見ているのだ。

何かの事件に巻き込まれ、攫われた子供が置き去られたという可能性も考えられる。

気温だって、昼間は汗ばむほどに上がっても、夜は零度近くまで下がるのだ。

放っておいたら死んでしまうかもしれない。


「ちょっと戻って確認しよう」

車をUターンさせた。だが、そこから暫く走っても、子供の姿はなかった。

気持ちは悪いが、周囲を探して回るほどの余裕はない。

彼らは再度ウランバートルに向けて車を走らせ、程なく自宅に到着した。


「昨日、帰ってくるときに変なものを見たんだ。多分見間違いじゃないと思うんだけど」

昼前に起き出し、両親に昨晩見た子供のことを話した。

すると、暫く黙っていた父親が「それは生きている子供じゃないな」と言った。

彼の説明によると、半世紀ほど前には、モンゴルでは一家族に於ける兄弟の数が平均して八人ほどだったらしい。

「この辺りだと、兄弟が多すぎて育てられなくなった子供達を、ナライハの先まで捨てに行ったんだ。お前の通った道は、夜に走るとよく事故が起きるって聞いたものだ」

何もないはずの街道で、ハンドル操作を誤る。

スピードを出していると、急にタイヤがバーストする。

様々な事故が起きていたらしい。

そして事故のたびに運転手が、子供が車の前に飛び出してきたと説明する。

もちろんそんな時間に子供がいるはずがない。

だから、あの道には子供の幽霊が出るのだ――そんな噂があったらしい。

「ともかくお前が無事で良かった。次からは夜にあの道は通らないほうがいい」

父親はそれから暫くの間、夜中に遊びに行こうとしても車を貸してくれなかったという。

しつこい交差点

大島さんがタクシー会社に勤めていた頃の話である。

その日、大島さんは客を病院で降ろし、駅に戻っていた。途中で新たな客を拾うことも多いため、周囲に気を配りつつ走っていたという。

とある交差点の手前で、タクシーを探しているのが丸わかりの男を見つけた。大島さんのタクシーを見て、ほっとした表情になっている。

ここからだと料金は知れているが、空で戻るよりは良い。路肩に寄ろうとした正にその瞬間、男が顔を歪め、胸を押さえて土下座するように倒れ込んだ。

大島さんは激しく迷った。自分の客なら迷わず救急対応する。そうするのが当然の職務であり、そのための研修も受けている。けれど、今の時点では見知らぬ赤の他人だ。

一瞬、目と目が合った気もする。タクシーを止めようとしていたのは確かだ。長年の経験がそう言っているし、手も挙げかけていた。だが、挙げ切ってはいない。こちらもまだ指示器を点滅していない。完全にセーフだ。

ここで対応すると、小一時間か、いや下手すると午前中一杯潰れるかもしれない。

幸い、既に人は集まってきている。中年の男性が、手慣れた感じで心臓マッサージをし始めた。医者とか消防士かもしれない。銀行が近くにあるから、ＡＥＤもすぐに用意できるだろう。自分みたいな素人が出しゃばる余地はない。

都合の良い理由は、幾らでも探し出せた。結果、大島さんはその場を通り過ぎた。指示器を点滅させる前で良かったとすら思えていた。

その日は常よりも売り上げが良かった。あのとき、手伝わなくて正解だったのだ。大島さんは、自分の判断に満足したという。

男のことが気にはなったが、今更どうしようもない。記憶の引き出しの奥に片付けるしかなかった。

その引き出しが開けられたのは、それから二日後。

朝一の客を工場に届け、駅に戻る途中のことだ。あのときの交差点が見えてきた。全く同じ場所で、手を挙げる男を見つけた。

着ている服、メガネの色、髪型、面長の顔。確実にあの男だ。

良かった、助かったんだ。大島さんは、思わず安堵の息をついた。

路肩に寄せようとした瞬間、妙なことに気付いた。おかしな言い方だが、男だけ色合いが違うのだ。

古い写真から人物を切り抜いて、風景に貼り付けたように見える。到底、この世の者とは思えなかったという。

あれは、乗せてはいけないものだ。咄嗟に判断した大島さんは、初めて乗車拒否をした。

それからも、その場所を通るたび、男は手を挙げて立っていた。当初は、何か呪われたり祟られたりするのではと不安だったが、一向に何も起きない。

それが分かってからは、全く気にならなくなった。

二週間ほど経ったある日、大島さんの二台前を同じ会社のタクシーが走っていた。運転手は、入社したばかりの石橋とかいう若いドライバーだ。

交差点まであと少し、例によってあの男が手を挙げている。驚いたことに、石橋が男に近付いていく。

あいつ、見えるのか。止めたほうがいいのだろうか。でもどうやって。

迷っているうちに石橋は車を停め、ドアを開けた。

漸くタクシーを拾えた男は、するすると乗り込んでいく。

石橋の車はドアを閉めて走り出した。それが石橋を見た最後の日となった。

自宅で死んでいる石橋が発見されたのは、それから二日後である。心臓麻痺だったという。

乗せなくて良かった。危ないところだった。石橋には悪いが、これぱかりは時の運である。

とにかくこれで、あの男に悩まされずに済む。大島さんは鼻歌交じりに車を走らせた。その鼻歌は、長くは続かなかった。また、男が手を挙げて立っていたのである。恐怖と苛立ちとで大島さんは大声で男を罵った。

いい加減にしろ、お前が死んだのは俺のせいじゃないだろう。他人の病気なんか知ったことか。

何処へ行きたいか知らないが、幽霊なんだからふわふわ飛んでいけよ。散々怒鳴りつけて気持ちが落ち着いたという。

その後、大島さんは定年で退職する日まで男を無視し続けた。

ついこの前のことだ。大島さんは、息子が運転する車で新しくできたショッピングモールに向かっていた。

久しぶりの街並みを懐かしみ、大島さんは窓の外を流れる景色を楽しんでいた。

そういえばもうすぐあの交差点だ。眺めていた大島さんは、思わず呻《うめ》いた。

あの男が手を挙げている。目を逸らそうとした瞬間、息子が言った。

「あの人、父さんの知り合い？　停めようか」

停めなくていいと答えるのが精一杯だった。

もしもまた見かけたとしても、絶対に乗せるな。
それを言い忘れたことを大島さんは死ぬほど後悔している。

アンテナな男

「怖い体験談ない？　『乗り物』に関する話、只今絶賛募集中」

古い友人Aと話す機会があり、雑談の流れでそう振ってみた。

「大学生の頃、友達とドライブしていたときにさ」

かつてのバイト仲間であったAによると、男二人で深夜の海岸線を飛ばしていた際、ハンドルを握っていたAは突然言いようのない不安感に襲われた。反射的に、踏み込んでいたアクセルを緩めスピードを落とす。すると、後方から走ってきた乗用車がAの車を抜かしていったかと思うと、カーブの先から激しい衝撃音が聞こえてきた。恐る恐るゆっくりそのまま進んでいくと、抜かしていった乗用車が反対車線から走ってきたと思われる車と衝突事故を起こし、煙を上げていた。

不穏な胸騒ぎは、事故を予測したものだったのかも——と、Aは語る。

正直、「怪談」としては「弱い」話だと感じた。しかしその数日後、やはり同じバイト仲間であったBからも、似たような話を聞くことになった。

野郎二人での深夜のドライブ。運転していたBは、背筋にいきなり寒気を覚えて車のスピードを緩めた。何か嫌な予感がする。慎重に進まなくてはと、気を引き締めたその瞬間、カーブの先からセンターラインを乗り越えて、対向車の大型トラックが突っ込んできた。

慌ててハンドルを切り、左側のガードレールに激突しそうになるギリギリを何とか耐え、事なきを得たのだが――。

「スピードを落とさないでそのまま飛ばしていたら、確実にトラックと正面衝突して死んでいたね」

当時の恐怖を思い出したのか、興奮を抑えられないような口調でBは言う。詳しい状況を確認しながら、私はAとBの話に、一つの共通点を見出した。AとB各々の体験談で、それぞれの車の助手席に乗っていたのが、どちらも我々三人の共通の友人「橋野」であったという事実だ。

その点を指摘すると、電話の向こうのBは、意外だというような声を上げた。

「あれ？　覚えていない？　あの頃の橋野って、みんなから『アンテナ』って呼ばれていたじゃん」

それは、私の知らなかった橋野の一面だった。

渋谷界隈の系列飲食店でアルバイトをしていた我々は、ヘルプなどで互いの店舗を行き交ううちに仲良くなり、プライベートでもよく遊びに行くようになっていた。当時フリーターで万年金欠だった私は飲み会にしか参加していなかったのだが、大学生だった彼らは休みを合わせて頻繁に海や山へドライブに出かけていた。

「橋野を助手席に乗せると、おかしなことばかり起こったんだよ」

Bの話を纏める。橋野が助手席を陣取るドライブの道中、あわや大事故となるような場面を、AとB以外にも何人ものドライバーが経験していた。

ドライブを終え、橋野を自宅の近くで降ろして走り出した直後に、背後から凄まじい光量でパッシングされたが、バックミラーを確認すると後続車などいなかったという状況を、数回続けて体験したという仲間もいた。

数人でドライブに出かけた折、国道を直進していたにも拘らず、何故か山中の道に迷い込み、数時間に亘って抜け出すことができなかった際も、助手席に座っていたのは橋野だったという話も聞けた。更に——、
車二台で、キャンプに出かけたときのことだ。

Bの運転する車の前を、助手席に橋野を乗せた仲の良かったバイト先の社員の車が走っていた。後部座席に乗っているのはバイトの女子二人のはずなのに、リアガラスを覆い尽くすかのような肩幅を持つ、大柄な男の影が突如現れた。

「何だあれ」

騒然とするBの車内。携帯などまだない時代であったから、ライトを点滅させて合図を出し、次のサービスエリアで社員の車と合流する。

橋野とバイトの女子達は「どうした？」「トイレ休憩？」と、不思議そうな顔をして降りてきたが、運転席に一人残った社員の男性は、ハンドルを握ったまま何やら目を泳がせて動こうとしない。

「大丈夫ですか？」と声を掛けたBに、

「ヤバいモン見ちまった」

そう言って社員の男性は、声を震わせた。

ふと覗いたバックミラー。そこにさっきまで映っていた後部座席の女子二人の姿はなく、はち切れそうな灰色のTシャツを着た筋肉隆々の上半身の、しかし顔は幼稚園児にしか見えない男（？）が前のめりになって映り込んでいたのだと。

「やっぱり、橋野を隣に乗せたせいか？」

目が合った瞬間に消えたそれを、運転手の男性はそのように語ったという。

当の橋野にも話を聞いてみたが、

「あぁドライブにはよく行ったな。でもそんなことあったっけ？」

三十年近く前のこととはいえ、自分がアンテナだった記憶は全くないようだった。

「でもあれは覚えている。理由は忘れたけれど、年下の女子に全力で人格否定されたこと」

その話については、Bから既に聞いていた。バイト先の新人に、実家がお寺だという女子が入ったことがあった。その女子がドライブに同行した際、やはり車がいつの間にか幹線道路から逸れて、舗装もされていない山道で迷う羽目になった。

「また橋野のアンテナが、変なモノを引き寄せた」

最初のうちは苦笑いで過ごしていた橋野以外のメンバーも、日が暮れてガソリンも底を尽きかけると次第に焦りを覚えてきた。そのとき、

「橋野さんがいけないんです！」

寺の娘の女子が、いきなり声を荒らげた。

「橋野さんがしっかりしないから、余計なモノが付いてきちゃうんです！　もっと自分の意志を持ってください！」

普段は物静かだった彼女からは、考えられないような気迫であったという。

「とりあえず、謝ってください！　手を合わせて、心を込めて!!」

彼女の剣幕に押されたのか、元来素直な性格であったのか、橋野はすぐに言われた通り手を合わせ、「ごめんなさい」と、助手席で頭を下げた。すると、

「嘘みたいだけれど、『左折しろ』的なイメージがいきなり頭に湧いてきてさ。舗装もさ

れていない怪しげな山道に見えたんだけれど、イメージ通りに左に曲がって暫く走ったら、元の国道に出られたんだよね」

感慨深げに、Bは語った。

その後バイト仲間で出かけても、特におかしなことが起こらなくなったのは、寺の女子に怒られたのを切っ掛けに、橋野が生き方を変えたからなのかと、ほぼその頃の記憶がない橋野本人ではなくBに訊ねると、

「アイツが免許取ったからかも。奴が運転してりゃ、変なことは起きなかったから」

そんな考察を述べてくれた。

現在橋野は、勤続二十年以上の敏腕自動車ディーラーとして、毎日ハンドルを握っている。

今の彼を助手席に乗せて、走ってみたい気も少々ある。

クロスロード

信号機のない交差点において、日本では道幅や道路標識、停止線の有無などによって走行の優先順位が決まるが、アメリカの場合「４Ｗａｙ Ｓｔｏｐ」という独特なルールが存在する。

「４Ｗａｙ Ｓｔｏｐ」の交差点には、赤地に白抜きで一時停止を意味する「ＳＴＯＰ」と書かれた標識の下に、「４ＷＡＹ」若しくは「ＡＬＬ ＷＡＹ」と表示された補助標識が掲げられている。交差点に入った車はまずストップラインで一時停止をし、その停止した順番に、一番、二番、三番と車を発進させていく。簡単に言ってしまえば、「早い者勝ち」だ。故に「４ＷＡＹ」の交差点では、自分が到着した順番をしっかりと記憶しておく必要がある。

グリーンカードを取得し、在米歴が既に二十年近い遠藤夫妻。彼らがお子さんの就学を機に、念願のマイホームを購入された際の話だ。

欧米の住所は主に番地と「Ｓｔｒｅｅｔ《ストリート》」や「Ａｖｅｎｕｅ《アベニュー》」などの道路の名前で表記

され、場所についての会話では、道の名前でその住所を認識し合うことができる。

遠藤夫妻の奥さんが、お子さんが通う学校のクラスボランティアに参加した折、親同士で自宅はどの辺りかの話になった際も、「○○Ｒｏａｄよ」と新居の前を走る道路の名前で住所を伝えた。すると一人の母親が、

「あら、じゃあ、あのクロスロードの近くじゃない。貴女は見たことある？　赤いピックアップを」

青い目を輝かせて、そう訊ねてきた。

遠藤夫妻の自宅近くにあるその交差点は、アメリカの郊外ではよく見られる、何の変哲もない４Ｗａｙ Ｓｔｏｐの交差点だった。

幹線道路から奥まった場所に走る川沿いの道路と、そのまま走れば広大な農地が広がる田舎道がクロスしている。交差点の近くに、自宅から一番近い公園があったので、何回か通ったことのある場所であった。

「赤いピックアップ？」

ピックアップトラックは、セダンのようなボンネットとキャビンの前方部分と、オープンデッキの広く大きな荷台を後部に備えた、アメリカでは人気の車種である。普通に道を走っていれば何台となく目にするし、ナショナルカラーの一つでもある「赤」の色も、珍

しくはない。

いかにも噂話が好きそうな青い目の母親は、ここだけの秘密を打ち明けるかのように、声を落として話を続けた。

大して交通量の多い場所でもないのに、その交差点では車同士の衝突事故が頻繁に起こるのだという。その理由を訊ねると、

「交差点の停止線で順番を待っていると、いきなり別の停止線に古びた赤いピックアップが現れ、動揺しているうちに順番が分からなくなり、混乱しつつ発車してしまった挙げ句、他の車と衝突事故を起こしてしまう」

といった、何とも首を傾げてしまう内容だった。

「突然現れて、煙のように消えちゃうのよ」

悪魔のピックアップだと、その母親は妙にはしゃいだ声で告げてくる。これはあんまり親しくしないほうが賢明な類いの人かもと、遠藤さんの奥さんは彼女とは距離を置いて付き合おうと密かに決めた。

件の交差点を通ることはその後何度もあったが、幸い奥さんは事故に遭うことも赤のピックアップを見かけることもなかった。ただ、

「川沿いの道だったからですかね？　やけにその場所は霧が濃いなと」

そのような印象を持っていたそうだ。

そんな赤いピックアップの都市伝説的な話も、記憶から消えかけていた数年後――。

仕事上がりに同僚と食事をしてから帰ると連絡があった御主人が、十二時を回っても帰ってこない夜があった。いつもなら会食をしたとしても、遅くとも十時には帰ってきているのにと、奥さんは不安な気持ちで御主人の帰りを寝ずに待った。何しろここはアメリカ。日本では考えられない状況で、犯罪に巻き込まれるケースが多々あるからだ。

奥さんの心配をよそに、午前二時を過ぎて漸く、御主人は「ただいま」と何事もなかったように帰宅した。こんな時間まで何処でどうしていたのかと詰問すると、

「それが俺にもさっぱりなんだよ」

と、とぼけた答えを返してくる。

食事をしたレストランからは、川沿いの裏通りが近道だったので、そこを通って帰ってきた。途中の「４ＷＡＹ」の交差点で、対向車や他の停止線にも車が停まっていたので、自分も停止して発車の順番を待っていたところ、

「何だか順番が分かんなくなっちゃってさ」
一、二、三……、一、二、三……。

と、順序を数える行為を続けているうちに意識が遠くなり、ふと気が付くと、車内の時計が午前二時近くを示していることに仰天した。

店を出たのは午後十時前だったはず。三時間以上も、自分はここで眠ってしまっていたのか？

不思議なことに、ほぼ気絶状態のような状況だったにも拘らず、目を覚ましたとき、御主人の右足はしっかりとブレーキペダルを踏みしめ、ハンドルもちゃんと握ったままであった。そして幾ら夜間とはいえ、一台も他に車が通らなかったのかも気になった。もし、他の車が通ったのなら、いつまでも停まったままの自分の車の異変に、クラクションの一つでも鳴らしてくれただろうにと――。

何度も首を捻りながら、事の次第を語る御主人。御主人は下戸《げこ》である。故にお酒に酔っての出来事ではない。

奥さんが場所を確認すると、その交差点こそが、数年前小耳に挟んだ「赤いピックアップが現れる、魔の交差点」であった。そして、

「『4WAY』で順番待ちしているとき、赤いピックアップを見かけなかった？」

奥さんの問いに御主人は当初「いやぁ、覚えていないなぁ」と答えたのだが、ベッドに入りひと息ついた頃、

「……あぁ、そういえば停まっていたなぁ。赤のピックアップ」

そう呟いたかと思うと、大きないびきをかき始め、奥さんが何度か声を掛けても、起きる気配を見せなかった。

翌朝、改めて奥さんが「赤いピックアップ」について確認すると、何故か御主人は、

「え？　知らないよ。『見た』って、俺が言ったの？」

前夜の発言を、全く覚えていなかったという。


現在周辺地域は宅地化が進み、道路も拡張され、問題の交差点も、事故や渋滞を減少させるという利点のある「Ｒｏｕｎｄａｂｏｕｔ《ラウンドアバウト》（環状交差点）」の形状に生まれ変わっている。

遠藤夫妻から伺った住所をｗｅｂ上のストリートビューで調べてみても、青空の下、近代的なデザインで設計された円形の道路が広がるのみで、赤いピックアップはもちろん深い霧も確認することはできなかった。

天城山中、三菱ジープ

大学生の頃だからもう三十五年ぐらい前かな、と吉野さんは切り出した。

――沼津に住んでたんですよ。夜は気分転換にドライブに出かけてね。

昔、三菱がジープを出していたでしょう。ゴッパーって形式の奴に乗ってたの。ツーシーターで、後ろにちっちゃい荷台があって。茶メタのボディに、幌はベストップ製の真っ白の奴に替えてさ。

秋の終わりだったと思うな。幌は付けてたけど、ドアは外したままだったから。

旧天城トンネルの辺りへ行ったんですよ。心霊スポット探索とかそういうことではなくて、単に山道や林道を走るのが好きだったからね。

二リッターエンジンを積んでるから、どんな悪路でも入っていけるんです。

日付が変わったのちに街を出たから、もう深夜一時を回っているだろう。

国道から山道を進んだ先の、少し開けた場所でサイドブレーキを引く。

エンジンの火を落とし、代わりに煙草に点火する。

車内にまで入り込んだ闇の中に、真紅のホタルが生まれる。

谷を渡る風の音、葉擦れの音、遠くに流れる沢の音。

はた。枯れ葉が降ったか、幌にささやきかける声がした。

甘苦くキャラメリゼしたような紫煙の合間に、土の臭いが漂ってくる。

はた、はた。増してきた夜風が、木の実を落としているのかもしれない。

はた、はた、はた、はた。いよいよ雨でも降ってきたのだろうか。

しかし夜空に浮かぶは、象牙色の月と、砂金をまぶしたが如き星のまたたき。


ばたばたばたばたばたばたばたばたばたばたばたばたばたばたばた――！

車体上部、後部、そして左右を囲む幌のあらゆる箇所から音がした。

これは風に舞う枯れ葉でも木の実でも、雨粒の音でもない。

誰かが幌を叩いているのだ。

しかしここは、深夜の、人も通わぬ天城の山中である。誰がいようか。いや、仮に誰かいたとして、一体何人で車を取り囲んでいるというのだろうか。

ばたばたばたばたばたばたばたばたばたばたばたばたばたばたばた――！

防水加工をほどこしたキャンバス地が、かしましく震えているのが分かる。音がするたび、幌が手のひらの形に凹む様子を想像して吉野さんはぞっとした。

イグニッションを捻る。ハチの羽音のようにエンジンが回る。

左足で目いっぱいクラッチを蹴りつける。シフトレバーを一速にねじ込む。アクセルを思い切り踏み込む。エンジンが吹き上がると同時にハンドルを切る。小枝がばちばちとボディに当たるのも気にせず、必死で車を走らせた。

街の明かりが見え始める頃、気付けば幌を叩く音も消えていた。

吉野さんは大きな溜め息を一つついて、すっかり短くなった煙草を揉み消した。

以来、夜のドライブコースは変えたという。

負託

――奇譚ルポルタージュ

父が亡くなった後でして、と堂本俊一さんは言う。

中背だが骨太な彼らしからぬ、小さな声だ。

父親・秀俊さんは、六十七歳のとき、不慮の事故で命を落とした。

堂本さんが四十歳になったばかり、五年前のことだった。


父と子の関係は順風満帆ではなかった。一時は二人の間に確執すらあった。

切っ掛けは父親の会社の後継者になるかならないかの言い争いだ。

堂本さんは一粒種である。だから父親は彼に後を継がせたかった。

ただ、当人にその意志はなかった。

卸売業を一代で興した父親は尊敬している。ただ、それとこれとは話が別だったのだ。

堂本さんは食べることが好きで、それが高じて料理人になりたかった。が、いつしか食品メーカーの製品開発が夢になっていた。

家業を継がせたい親と、自ら選んだ食品関連の学科がある大学へ行きたい息子。

言い争いになるのは自然な流れだった。

堂本さんは父親を振り切って実家から離れた大学へ進んだ。

家に帰ることなく、父親とは没交渉。お互いの携帯番号やメールアドレスは知っていたが、それだけだ。この頃は偶に母親と連絡を取る程度だった。

食品メーカーの内定が決まった翌日、母親が急死したという連絡が父親から入った。

自宅で倒れているところを父親が発見したが、既に手遅れだったらしい。

死因は脳血管疾患。

ちょうど〈父親との関係性を見直すために一度実家へ顔を出すよ〉、そんな話を母親と電話した次の日のことだった。


母親の死で久しぶりの実家へ戻った。

意気消沈している父親を目にして、わだかまりは消え失せる。

以降、父子同士の反目は鳴りを潜めた。

母親の死の後から、父親は後を継げと言わなくなった。

代わりに「健康に気を付けろ。俺に息子の喪主をさせるな」と繰り返すようになった。

堂本さん自身、持病はないし、煙草もやらない。酒は弱いので嗜《たしな》む程度だ。だから大丈夫だと父親に言えば、幾分かほっとした顔をしてくれた。

母親の死が和解の切っ掛けになった、と今も彼は思っている。

ところが、別の困った願いを父親が口にするようになった。

「孫の顔を見せてくれ」頼みを聞いてやりたかったが、少し難しい相談だった。

堂本さんは女性が苦手だったからだ。特に若い年代が得意ではない。目の前に立たれると、予想も付かないほど口数も少なくなる。快活そうな彼が無口になるので、相手も仏頂面になり、結果、評判も落ちて、声も掛からなくなるのが常だった。

痺れを切らせた父親が見合い話を持ってくるので数回会ってみたが、打てども響かない彼の態度が引っかかったのか、どれも相手にお断りされた。

だから結婚はできないままだった。


母親の死から何年も経ち、六十五歳を数えた父親が卸売業の社長を引退した。

父親は会長職になり、後釜には母親の後に副社長になった元専務が就いた。

その二年後、父親は会社の倉庫で事故に巻き込まれた。

新規に入れた商材棚が倒れてきて、フレームと床の間に頭を挟まれたことが死因だった。

入れたばかりの棚は空で、不安定だったのだろう。だが、重量があるのでよほどのことがない限りぐらつくこともないはずだ。それでも棚は倒れた。

父の遺体は頭部が酷く歪んで見えた。

強い圧力のせいで、容赦なく潰れたようだ。葬儀のときにはある程度修復されていた。

後に父親が亡くなった状況を聞き、不審な点があることを知った。

発見されたのは死亡した日の翌日。見つけたのは最初に出社した社員だ。そのとき、駐車場に会長の車はなく、内側から施錠もされていた、という証言がされた。倉庫の電灯も点けっ放しであったという。

前日、最後に会社を出たのは社員数名で、時間は午後八時過ぎ。その二時間前に会長である父親は帰っていた。タイムカードや防犯カメラの記録に残っていたから間違いない。

その後、父親は再び一人で会社にやってきて、倉庫へ入ったことになる。それも離れた家から徒歩で、だ。自家用車は自宅に残ったままだった。

発見時、遺体は棚の一番上、天板部分の縁と床に頭部だけが挟まっていた。丸見えになっていた首から下は、両腕を身体の側面に付けた〈気を付け〉の姿勢だったらしい。倒れてきた棚に気付かない、或いは気付いて逃げ遅れたにしても、少し不自然だという話もある。

状況に関して様々な予想がされたが、防犯カメラやセキュリティ関連、他、現場の状況から事件性はないと警察は判断した。

　父親の死後、遺言書により遺産の殆どは息子である堂本さんが継いだ。

　会社そのものは現社長らへ任せる形になったが、この辺りはまだ完全にクリアになっていない。相続税を始めとして頭の痛い案件が残ったと言える。

　遺産関連の処理後、彼は自分のマンションを引き払い、実家へ移り住んだ。

　実家は二階建てで、父親が亡くなる少し前にリフォームが入っている。

　外装も内装もかなり手を加えられており、往時を偲《しの》ばせる部分は殆どない。建て替えたほうが早かったのではないかと思わざるを得ないほど、様変わりしていた。

　懐かしい我が家という感覚はなくなったのだから手放して良かったのだが、住むことも供養だと思ったのだ。足りなかった父親孝行のつもりがあったことは否めない。

　引っ越し後、真っ先に感じたのは、居心地の良さだった。

　元が実家だったからというより、リフォームのおかげだろうと彼は思った。

　この実家での独り暮らしが始まり、約三カ月が過ぎた。

　様々な面で調子が良く、張りのある日々を過ごしていた。

　マンション暮らしだった頃は毎日溜め息が多かった。仕事は面白いのだが、それに伴う人間関係に疲れ果てていた。加えて、プライベートでも人的トラブルが時々起こっていた。また友人と思っていた人間に騙され、金銭トラブルを被ったこともある。

ところが、実家へ越してからというもの、そのような悪いことが一切ない。

引っ越しのおかげか。リフォームしたせいで幸運になる家相になったか。何となくそんなことを考えるが、もう片方で否定もしてしまう。

家が原因ではなく、もしかしたら心に余裕ができたからか、と。

継いだ財産はかなりの額になる。賃貸しているアパートなどもあり不労所得も多い。正味の話、働かなくても食っていける。もちろん老後の心配はない。

金銭的余裕は人間の心にも余裕をもたらす。その余裕が自身の生き方に影響を及ぼし、不運を回避しているのではないか。彼はそう捉えた。

同時に、改装された実家が幸運を呼ぶようになったのなら、父親の不審な死はどういうことなのか、とも思った。事故はリフォーム後だったのだから。

余り深く考えないと決め、今の状況が長く続くことを彼は祈った。

それから間もなくして、知人男性から堂本さんに電話が入った。

『あの土地のことですが』

少し前、この知人に土地と家を買わないかと声を掛けていた。

父親が持っていたもので、彼が遺産として継いだものである。

以前、一度だけ現地に足を運び、チェックしたことがある。

少し広めの土地に小さな平屋が建っているのだが、駅からも遠い上に買い物ができそうな商店街やコンビニもなく、不便な立地だった。当然、物件的価値は低い。

元々は父親が誰かへ無料で貸していたものだったが、その人物が夜逃げをしてしまったと聞く。空き家の中には家具や生活用品、裏にはスチール製の物置も残されていた。

どうして父親がこんな物件を手放さずに持っていたのか理解に苦しむ。

ただ、知人の目的である〈定年後、夫婦で家庭菜園をしてのんびり暮らしたい。可能なら人が余りいない所〉の条件に合致しているので、購入を提案してみたに過ぎなかった。

知人夫婦はまだ四十代だが、今のうちに準備を進めておきたいようだ。正直、この土地と建物は無駄な物件であり、買ってもらえるのは渡りに船と言えた。

ただ、不動産業者を通さず直接売り買いになるので、現地案内はいつでもと言う訳にはいかない。土地や家屋の外観、立地条件は勝手に見てきて良いと、住所を伝えておいた。

先日、妻と二人で見に行ってきた、気に入った——と知人は話す。

『ただ、上物は要らなくて。全部取り壊して更地にしてもらいたいんですよ』

確かに建屋は手を入れても根本的解決にならないほど傷んでおり、建て直したほうが早い代物だ。が、自分で片付けるのも業者に頼むのも面倒でそのまま放置していた。当然、その旨は知人にも説明をしていた。

彼は『流石に自分達が勝手に取り壊しをするのは問題があるので、そちらでやってもらえないか。撤去費用や手間賃は購入額に上乗せしてほしい』と頼んできた。

了承し、電話を切ってから、堂本さんは首を傾げた。

(どうしてそこまでしてあの土地がいいのだろうか)

知人相手だからと価格は低く設定しているとはいえ、そこまで魅力はない。

どちらにせよ撤去の見積もりを取るため、もう一度そこへ行く必要が出てきたことに違いはなかった。

知人の電話から二週間ほど過ぎた、初夏の休日だった。

堂本さんはあの土地を訪れていた。駅から遠いため、レンタカーを借りての移動だ。

久しぶりに訪れたそこは、周囲を低めのブロック塀で囲まれている。

見積依頼した解体業者はまだ来ていなかった。

切られた門から入ると、どこもかしこも雑草が生え放題だ。住民が夜逃げした後、父親が業者を雇って定期的に清掃させていたようだが、死後に契約を切った。

荒れた庭へ入ってみると、以前より広く感じた。

玄関へ戻って気が付いたが、玄関ポーチになっているコンクリート床に、細く白い線が真横に引かれていた。ちょうどアルミサッシの引き戸二枚分、玄関の幅くらいある。硬い石で力を込めて描かれたようだった。

誰の仕業か分からない。知人夫婦がサイズを測る印として引いた可能性もある。靴裏で擦っても薄くなるくらいで完全に取れない。

まあ壊すのだからいいかと引き戸に鍵を差し込んだ。

中へ入って真っ先に感じたのは、老人の臭いだった。

と言っても、堂本さんに父方、母方両方の祖父母はいない。彼が生まれてすぐ、立て続けに亡くなったと聞いている。だから、祖父母の家に行ったことはない。では何故老人と感じたかと言えば、寝たきりの祖母と同居していた友人宅の臭いそっくりだったからだ。

次に、寒さを覚えた。

外の気温は三十度に届きそうな暑さだったはずだが、屋内は鳥肌が立つほど冷えている。

空気が動いていないせいか、と一瞬考えたが、それもおかしな話だとすぐに気付いた。

閉め切った屋内で熱が籠もらないはずがない。

疑問を抱きつつ上がり込み、窓を開けると一気に蒸し暑さが入り込んでくる。

空気の入れ換えをしながら、家具や生活用品、押し入れや戸袋をチェックした。

(やっぱり変だなぁ、ここ)

前と変わらず、ちぐはぐした印象が勝る。

普通、夜逃げした後ならそこに残された痕跡で、ある程度どんな住民が住んでいたかを推し量れるはずだ。しかし、この家の場合は強い違和感しか読み取れなかった。

例えば、ある部屋は破れかけた座布団と染みだらけのズロースが放置されていたが、その脇に、十年前の若い女性向けのファッション雑誌が放ってある。

洗面所には若い男性向けの整髪料とともに、入れ歯洗浄剤の箱が並んでいた。

ある収納ケースの中はパーカーや短パンとともに、白いランニングシャツ、ブリーフにらくだの股引を始めとした、老人の衣服が詰まっている。

若者向けのブレザー箪笥《だんす》に派手な服とミニスカート、ブランド品の紙袋などが残されていたが、ボロボロになり色褪せた紺色のヤッケも吊るされていた。

玄関の靴棚も同じく、ミュール、ヒールのブーツ、スニーカーとともに地下足袋があった。

かと思えば、水屋の引き出しには、洒落たナイフとフォーク、スプーンだけが入っており、箸の類いは一切なかった。

総じて、老人のものか、極端に若い人のものしかない。

強いて家族構成を考えるとすれば、老人夫婦と男女の孫、或いは孫夫婦の四人家族、か。

理由は幾らでも付けられる。金銭的に困った孫を助けるため同居をしている、などだ。

不明な点は、父親がこの家を貸していた訳と、それが何処の誰だったのかだけである。

改めて家の中を調べたが、相手のパーソナルを読み取れるものは何一つなかった。

解体時、建屋ごと中身は全て棄ててもらうと決めながら、堂本さんは玄関を出る。

庭側から裏に回ると、例のスチール製の物置が一つ置かれている。

小さめのサイズで、スライド式の扉が一枚付いていた。

あることは知っていたが、まだ中身を確認していない。

(もしかするとここに住民だった連中の正体が眠っているのではないか)

扉を開こうとしたとき、気付いた。

扉の鍵を持っていない。開けることは不可能だ。いや、力尽くでこじ開けられないことはない。作りは単純だったし、鍵部分は以外と脆《もろ》そうな感じだった。

扉を壊す寸前、その下方にあるものが目に入った。

細長い金属の板とビスだ。本体と扉それぞれ一つずつ開けた穴を繋ぐように金属の細い板を渡し、上からビス留めしてある。

簡単に開けられないように扉を固定している。そんな様相を呈していた。

よく見ればビスが緩んでいる。思ったより簡単に回り、板は外れた。

物置が歪んでいるせいか、扉に斜めの隙間が空く。元からあった鍵は掛かっていなかった。

開けた中には、見慣れないものが幾つか入っている。

床に座布団程度の大きさの木の板が数枚。杉板だろうか。厚みがある。それぞれ縁に補強の角材らしきものがはめ込まれていた。

他、左右の辺に一本ずつ平行に棒が取り付けられた物が一つ、壁に立て掛けられていた。棒はバットの太いところくらいの直径で頑丈そうな造りだ。長さは大人が両腕を広げたより僅かに短い。その棒の真ん中辺りに板が付いている。

何となく、〈神輿の担ぎ棒部分のみ〉のような印象があった。

ただ、どれも古びている。板は薄汚れ、木目が黒ずんでいた。棒は人が握り続けたせいか、僅かにすり減り、黒光りすらしていた。

他には何もない。板を見ているうち、堂本さんはふと思い付く。

(これは組み立てられるのではないか)

全ての部品を組むと、シンプルな箱形の神輿のようなものができあがった。

螺子《ねじ》も使っていないのに意外と丈夫な造りだ。以前何かで見た日本独特の〈組木〉技法なのか、確かな技術を感じる。

ただし、本体部分は神輿のように飾りもない。謂《い》わばただの箱だった。

一体全体どんな用途があるのかも分からない。そもそも貴重なものには見えないので、このまま廃棄しても問題はないと判断、元通り分解して物置ごと放置した。

業者がやってきたので、見積もりのための下見をしてもらう。

彼らの口ぶりでは、少々高く付きそうな印象が残った。

業者を見送ってから建屋の戸締まりを終え、知人へ電話する。

取り壊しは問題なし、業者から正式な見積もりが出たらコピーを送ると話しながら、堂本さんはどうしてあの土地が良いのか、訊いた。

『変な話なので、引かずに聞いていただきたいのですが』

知人の妻曰く、

〈あそこの土地はパワースポットだ。ただし建屋と物置の存在が凶相そのもの。あれさえなければ、夢の土地になるから、どうしても欲しい〉

知人の妻が風水やオカルトが好きだったことを思い出した。

『僕は信じていないんだけど。でも、妻がどうしても、と』

思わず実家に住み出してからの自分のことを思い出した。

電話を終えてから建屋と庭を振り返るが、力があるような感じは一切受けなかった。

解体の見積もりは予想より安かった。建屋と物置が撤去された後、知人が土地を買い取り、名義変更を行う。手間は掛かったが、何とか無事に終わった。

ところが半年が過ぎた辺りだった。

あの土地を買った知人から電話が入った。それで、その妻が入院していることを知った。

顧みれば、土地の売り買い以来、没交渉に近かったような気がする。いつもなら月に一度は何事か電話やメールをしていたはずなのに、不自然なほど連絡が途絶えていた。

秋に畑作業をしているとき、妻が脳疾患で倒れたらしい。

『寝たきりで口もきけない状態で……だから見舞いとかはいいです。ただ、分割の支払いは少し待って頂けないでしょうか』

子供のいない夫婦で、お互いに働いているからこそ土地が買えるという算段だった。既に権利関係は移しているので、多少支払いが滞っても問題はない。個人で売買しているからこそ、融通は利く。了承し、電話を切った。

知人の連絡から数日後、堂本さんは遠方へ出かける用事ができた。

プライベートな用事だったが、仕事のために地物の食材や郷土食なども調べようと考え、レンタカーの予約もした。

空港から出ると薄曇りでとても寒い。

最初に用事を済ませた。これで翌日の夕方まで自由に時間が使える。

カーナビを設定し直し、食材の産地や食事の名店を巡った。

気が付くと予約していたビジネスホテルからかなり離れていた。日もほぼ暮れている。

予約したホテル近くにある郷土料理の店で食事をしようと移動を開始した。

慣れない夜道を、カーナビを頼りに走り続ける。いつしか山越えルートに入っていた。

道路照明も案内標識もなくなり、光源はヘッドライトだけになる。

雲が厚いせいか分からないが、月明かりも星も見えない。

ナビではあと一時間も走れば目指す場所に着くと出ている。

時計は六時半を過ぎた。

やけに木々の影が濃くなった気がした。左右からの圧迫感が強い。

道路の表面が荒れ始め、タイヤの音が大きくなる。

そのとき、突然過去の情景が脳裏に浮かんだ。

(——小学生の頃、確か)

車の助手席に座って、こんな暗い山道を進んでいた。

車は黒いワンボックスカーで、作業員の運搬や配送で使われそうな大きめの車体だ。

運転手は祖父で、ヤッケのようなジャンパーにニッカボッカ、地下足袋姿だったと思う。

ジャンパーは使い込んで薄くなりかけた紺色だった。

道路の凹凸でタイヤが跳ねるたび、後部から音が聞こえる。

後部座席は倒され、その中央に小さな神輿状のものが乗せられていた。

担ぎ棒をこちらに向けているが、古さのせいか薄く汚れているように思えた。

車体が上下するのに合わせて、神輿の箱の中から重いものがぶつかる音が聞こえる。

仏像なのか、石なのか。そんなイメージが浮かぶ。

中を覗こうにも窓も何もないので、見えない。隣の祖父に神輿が何なのか訊ねた。

〈持ち回りのカミサンちゃ〉とだけ答えが返ってきた。声が固かった。

確かに神輿は神様の乗り物だ。しかし、神様を持ち回りする意味が分からず繰り返し問うてみたが、応えはない。

長い時間を掛けて山を抜けたとき、遠くにまばらに輝く人家の光を見つけた。

〈あそこの家や。あそこに届ける〉

祖父がハンドルから右手を外して指を差す。他の光から離れたところに、ぽつんと光が一つあった。

祖父はこちらに言い聞かせるように言う。

〈これ、途切れさせたら、だちかんわぁ。繋がないと、だちかんわぁ〉

カミサンの持ち回りを途絶えさせるな、と。そういうものなんだ、そう納得した——が。


堂本さんは否定する。こんな思い出を持っている訳がない。

自分の父方母方の祖父母は、生まれて間もなく亡くなっている。

それに、この記憶の中に不審な点が二つあった。

一つは〈運転していた祖父と思われたもの〉の顔がどうしても思い出せないこと。いや、頭部全体を思い返せないのだ。これほどクリアで鮮明な記憶なのにも拘らず。

そして後部座席に乗せたものが、あの知人に売った土地にあった神輿状のものそっくりだったことだ。いや、ほぼそのものと言っても差し支えない。

(でも、何故こんな記憶が突然蘇るのか)

運転中居眠りでもして見た夢だと思いたいが、目はしっかり覚めている。

まさかと思うが父親との思い出を勘違いしているのか。神輿もあのとき見た姿が印象に残っていて、混同されてしまったのか。いや、父親はあんな格好をしないし、黒いワンボックスカーも所有したことはない。記憶違い以前の問題だ。それなのに鮮明に思い出せるのは何故か。

時計を見た。午後七時を大きく回っていた。しかしナビが表示している〈目的地到着予想時刻〉は一時間以上先を表示していた。さっきより伸びている。道を間違った訳でもない。ナビ通りに進んでいる。そもそも一本道だから横道に入る訳もない。

設定を確かめるため、路肩に車を停車すると同時に、ナビの画面が消えた。

何をしても再起動しない。仕方なくスマートフォンのナビアプリを起動した。

目的地まであと一時間と少しだった。再び発進する。このまま進めと指示された。

その後、数回スマートフォンの電源が落ちた。山から出たのは午後九時過ぎだった。

翌日、複数の親族へ電話を入れてみた。

祖父らが亡くなった時期と、彼らが黒いワンボックスカーを買ったことがあるか、神輿のような物を運ぶ行事をしていたか。念のため確認の連絡だ。

全員の答えは全て〈お前が生まれてすぐ亡くなった〉と〈車も行事も、覚えている限り、ない〉だった。

こうなってしまうと、突然浮かんだあの記憶は意味不明のものでしかない。

気持ち悪さだけが残る。何かないかと考える最中、神輿状の物があったあの土地のことを思い出した。既に何もなくなっているはずだが、それでも構わないと翌週の休みに足を運んでみた。

到着したときは既に日が落ちかけの時刻だった。

建屋もブロック塀も撤去されている。当たり前だが物置もなくなっており、神輿状のものの残骸すらなかった。

広がる枯れ草に、ここ最近知人が来ていないことを窺い知った。妻が入院しているのだから、畑にかまけていられないだろうことは、すぐに理解できた。

他に気になる部分は何もない。

（……何をしに来たんだろう）

寒空の下、ふと我に返る。その途端、背後から強烈な視線を感じた。

咄嗟に振り返る。

荒れ果てた畑の一角、薄暗い中に数本の支柱が立っていた。

殆どの作物は枯れ果てているが、一株だけ盛んに葉が繁っていた。

その葉の合間に、真っ赤な丸いものが浮かび上がるように揺れている。

テニスボール大のトマトがそこにあった。

さっきは欠片も目に入らなかった季節外れの作物に、理由もなく全身が粟立つ。

トマトから視線を外し、レンタカーへ飛び乗った。

発進してから少しの間、ルームミラーやサイドミラーが見られなかった。


以来、知人に売った土地には近付いていない。

春を迎える前に、知人の妻はこの世を去った。

知人も様々なものを手放し、堂本さんに残金を支払うと、そのまま何処かへ引っ越していった。

連絡が取れなくなってしまったが、最後に『あの土地は他の人に売りました』とだけ、メールが入った。


以降、堂本さんは父親の遺産の一部を始末し始めた。特に土地関連はいち早く売却した。

ただし貸し駐車場や賃貸しているアパートやマンションは手放さなかった。

良い収入になっていたから、もったいないと思ったに過ぎない。

ところがあるとき、所有しているアパートで自殺者が出た。

不審な点はなく事件性はなかったが、それが切っ掛けになったように他の部屋でも自殺未遂や暴行事件が次々に起こり始めた。

住民がどんどん出て行く事態になったが、入れ替わるように新たな入居者が入ってくる。それらは会社の単身赴任者用や事務所としての用途が多かった。

ただ、自殺や事件のせいか、こんな噂も立てられるようになった。

〈○○のマンションの四階、○○号室は曰く付きだ。住民が宙に浮く女を見た〉

〈あのアパートは事故物件で人の入れ替わりが激しい。出るらしい〉

が、住民や不動産会社から〈出た〉などと言う苦情はない。

瑕疵《かし》物件の事実はあるにせよ、根も葉もない内容がまことしやかに語られているのにはいささか閉口してしまう。とはいえ否定したら逆に〈隠蔽している〉〈火のないところに煙は立たない〉などと余計な騒ぎを引き起こすだろうから、黙っておいた。

特にトラブルはなく、部屋が埋まっているのだから何ら問題はなかった。

ただ、土地の始末をしている最中、堂本さんは実家を手放すかどうか考えていた。

やはり独り暮らしには広い。掃除や手入れも手間取る。リフォームのせいで幼い日を思い起こすような風景はほぼなく、執着はなかった。

だが住み心地は良い。現状維持か否か。

悩んでいたところ、友人数名が家を訪ねてきた。もちろん、女性はいない。

堂本さん手製の夕食と酒を楽しむ最中、友人の一人がポツリと漏らした。

「……この家、見えない何かが住んでるよなぁ」

他の友人も頷く。

「うん。前から気配がある」

彼らが言うには、目に見えない何かが家の中に存在している、気配がする、らしい。

堂本さんは一度も感じたことがない。

気持ち悪いことを言うなと窘《たしな》めるが、彼らは悪びれず続ける。

「ほら、座敷童《ざしきわらし》かもよ」

「幸運を運ぶ存在。だってお前、この家に来てから、運がいいんだろ？」

頷きつつ、ある疑問が浮かんだ。

その気配はいつから始まったのか。これまで友人達は何度も来ている。そんな指摘をされたのは今回が初めてだ。

「ちょっと覚えてない。まだ暑かった辺りか。いやもう少し寒くなった頃かもしれない」

だとすれば気配が始まったのは、知人に売った土地を更地にした辺りから、あのおかしな記憶を垣間見た頃の間になる。

何となく不安が滲んだ。それが表情に出たのか友人達が心配してくれるが、どう説明して良いか分からず、そのまま誤魔化した。


以後も彼自身は気配を感じ取れなかった。しかしどうにも気に病んでしまう。

友人達の感じた気配は、本当に幸運を呼ぶのだろうか。一連のおかしな出来事とあの土地、そしてこの家に関連はないのか。もしや、大きな不幸の前触れではないのか。

ふと、知人の妻の言う〈家の凶相〉の話を思い出した。

妄執だと自覚しつつ、小規模だが家の再リフォームを決めた。家相を変えるためだ。

そのリフォーム工事初日だった。

工事作業員のリーダーが何かを幾つか持ってきた。

どれも民芸品のような姿をしていた。

全て大人の握り拳二つ分くらいの大きさで、そこまで大きくない。

木製の達磨《だるま》のような形状をしたもの、同じく荒々しい木彫りの像、石を磨いて作ったような東洋的オブジェすらある。どれも古びており、長い年月を経たような雰囲気があった。

ただし、お宝のような価値があるものではなさそうだった。

工事する部屋の押し入れに転がっていたらしい。だが、自分でリフォーム前に該当箇所を片付けている。こんな物を見た覚えがない。加えて実家への引っ越し当初にハウスクリーニングを入れている。その際にこんなものがあったと報告も受けていない。

作業員のリーダーに事情を話し、廃棄を頼んだが、難色を示す。

「私らの経験上ですが、こういうのはお寺とかでお祓いしてもらったほうが……」

しかしどう見てもただの古い民芸品である。寺へ持っていくような品ではない。

対する業者は、正にこれは曰く付きの品だという態度だ。

両者の間に齟齬《そご》が生じていると言えた。

いいから棄てておいてほしいと押しつけて、その日は終わった。

翌日、再び工事作業員達がやってきたが、顔ぶれが変わっている。あのリーダーもいない。確か昨日の工事開始前、リーダーが〈工事終了まで私が責任者なので、何かあったらまず最初に声を掛けてほしい〉と言っていた。名刺も貰っている。

新しいリーダーらしき人間にどういうことか訊ねると、相手は困った顔で答えた。

「すみません。急遽ですが、私が責任者になりました」

昨日参加していた人間の多くが、不慮の事故に遭って仕事ができなくなったらしい。

この後はリフォーム完了までメンバーは変わらなかった。

そして全行程が終わり、立ち会いと引き渡しの日だった。

堂本さんは怪我をした人たちにお見舞い金を包んだから、と責任者へ渡した。

ところが受け取らない。何か分からないが固辞を続ける。

仕方なく諦めたが、何故断られたのかは分からなかった。


父親の死から数年が過ぎた。

堂本さんは今も変わらず食品関係の会社で仕事を続けている。

昨今のウイルス絡みの状況を鑑みながら、新商品の開発を行っているようだ。

そしてここ最近、少しだけめでたいことがあったと言う。

彼は今年入社した二十代の女性とスピード結婚をしていた。

当人曰く、

「自分には不釣り合いなほど素晴らしい女性」

相手側の父母は事故と病気で亡くなっており、祖父母全員も既に鬼籍に入っていた。謂わば、天涯孤独の女性だ。

お互い家族がいないという点が、二人を近付けたのかもしれないと説明する。

さらにめでたいことに、現在、彼女のお腹には新しい命が宿っている。

妻のため、子供のために将来設計も始めた。

疫病が収まるであろう数年後に会社を辞め、店をやろうと夫婦で意志を固めたのだ。遺産の一部を使い、飲食店を経営するのである。料理人は外部から雇い入れ、堂本さんがオーナー兼プロデューサーを務める。軌道に乗せた後、支店を展開しつつ会社を大きくしていけば、子供に全てを継がせることができる。

計画の最中、父親もそんな気持ちだったのだと彼は漸く理解できた。あの頃の自分には分からなかった。父親の心を理解できた今、全てが上手く回り始めた気がしている——と、堂本さんは気合い十分だ。

ところが、最近の彼はやたら頭部に怪我を負う。

転んだり、何かがぶつかってきたりと様々なパターンだ。

最も新しい傷は、倒れてきた角材で頭頂部と右目の上を切った。

加えて、これまでなかった偏頭痛が始まった。時に吐き気がするレベルで痛む。そんなとき、目が非常に霞む。様々な病院で検査をしてもらうが、異常はないと診断された。

目を閉じ、安静にしていると次第に治ってくるのだけが救いだ。

痛みに瞼を閉じていると希《まれ》に眠りに落ちるときがあり、そんなときは決まって夢を見た。

が、その内容は一切覚えていない。ただ夢を見たことだけを覚えている。

頭痛と目の異常。加えて父親の死後に起きた数々の出来事を思うと、長生きできない可能性を考えてしまう。だが、それでも大丈夫だと堂本さんは微笑む。

死んでも、妻と子にはたくさん遺産を渡せる。

そして――。

自分の血を託すことができる、と。

いまだ乗車中

後にバブルと称された、昭和の終わりから平成初期に掛けての好景気の頃。

当時二十代の会社員だった杉本氏は、学生時代の友人と立ち上げた社会人サークルを運営していた。週末ごとにメンバーとキャンプやスポーツ、温泉旅行や食べ歩きなどに興じる、学生のノリをそのまま引き継いだかのようなサークルだった。あの時代は多くの若い社会人が、金銭的にも時間的にも余裕があり、充実した休日を過ごすことができていたと記憶している。

当時の杉本氏の愛車は、八人乗りのワンボックスカーであった。海に山にと出かける際、メンバーを乗せて快適な移動ができるようにと、客室も広く収容力に優れた当時の人気の車種を購入したという。

とある夏の週末。伊豆の貸別荘で過ごす、泊まりがけのツアーを企画した。日中は海水浴を楽しみ、夜は別荘でＢＢＱと夜通しの宴会、翌日は日帰り温泉を幾つか回るというスケジュールを組んだ。総勢十名以上のメンバーが参加し、賑やかに夜を過ごした翌日――。

海の幸の昼食を楽しんだあと、温泉を巡るために二台の車に分乗して移動した。杉本氏の車には、運転手の氏を含めて男性二名、女性四名の計六名が乗車していた。よく晴れた日曜の昼下がり。行楽地を繋ぐ片側二車線の県道は渋滞気味で、時速十キロ前後のスピードでのんびりと車を進めていた。中央分離帯の植え込みの向こうに見える反対車線も、同様に混雑しており、ゆるゆると向かってくる車の様子が、それぞれの車種も運転手の顔も、観察できてしまうほどだった。

そこへ、一台のセルフローダー――車両運搬車が事故車両を載せて、反対車線を走ってくるのが見えた。載っているのは、客室と荷台が分離する構造の大型車両・トレーラーを運ぶ前方部分、トラクターと呼ばれる牽引車であった。フロントガラスを含め、車の前面は大きく抉られたように跡形もなく大破し、運転席がむき出しになっており、車体全体が三分の一ほどに潰れてしまった酷い状態で、ハンドルを握っていた杉本氏が一瞬横目で見ただけでも、事故の大きさが分かる有様だった。

「……うそ。あのまんま、運んじゃうんだ」

杉本氏の隣、助手席に座っていた女性が憐れんだ声で呟いた。

(何を言ってるんだ？)

口にはしなかったが、杉本氏は彼女の台詞に疑問を抱いた。事故車は明らかに自走できるような状態ではなかった。そのような場合、ああやって運搬車やレッカー車で運ぶのは珍しいことではない。悲惨な状況が見えないように、養生シートで隠せとでも言いたいのだろうか。物を知らないお嬢様か？

内心そんなことを考えていると、

「救急車、呼んであげないのかな？」

更に助手席の女性は、おかしなことを言ってくる。

そして、杉本氏の車と、ゆっくりと向かってきた運搬車とがすれ違う瞬間、

「え？　やだやだ信じられない」

二列目の座席に座っていた別の女性が続けて、

「うそうそヤバいヤバい。ヤバいの見ちゃったかもしれない」

三列目に座っていた女性も、突然騒ぎ出した。

事故車を目撃しただけとは思えない動揺振りに、杉本氏を含めた残りの三人は、

「もしかして、彼女達には自分達には見えていない光景が、あの事故車に見えていたのか？」

と、考えるに至った。しかし、気付いた時点ではもう、対向車線の運搬車はバックミラーに小さく見えるくらいの位置にまで遠ざかっており、確認することはできなかった。

「一体何が見えたの？」

狼狽《ろうばい》し、怯え、パニックになって泣き出す者もいた女性達に杉本氏が訊ねると、運搬車が運んでいた事故車の運転席に、顔も服も血にまみれた人物が、ぐったりと座っていたのが見えたのだと、三人の目撃者は口を揃えた。

見開かれた両目に、同じく開いたままの口からは舌がだらりと伸びていた。首も腕も腰も妙な形にねじ曲がり、「アレで生きていたら奇跡」と思ってしまうような状態であったという助手席の女性の発言に、「救急車を」と言っていた彼女の心情を、漸く杉本氏は理解した。

そして二列目、三列目の女性も、杉本氏らには見えなかった血だらけの運転手の姿をやはり目撃していたのだが、

「救急車の話をされたときには『何言っているの？』って思って事故車を見ていたんだけど、誰もいなかった運転席に、何処かから映写機で投影されたみたいに、いきなり血だらけの男（一人はそう断言し、もう一人は性別不明だと証言）が現れて、車が行き交う直後に吸い込まれるように姿を消した」

と、二人ともほぼ同様の内容を語った。

血まみれの運転手を見てしまった者と、見なかった者との違いは何であるのかを全員で考察した。女性だから目撃できた訳ではない。三列目に座っていた四人目の女性メンバー

は、杉本氏ともう一人の男性メンバーと同様、潰れた車体に見たのは、厭な色の染みが浮かんだ無人の運転席だけだった。座っていた位置も、無関係と思われた。二列目の女性の目撃者は対向車に近い窓側に座っていたが、助手席と三列目の女性は、どちらも対向車とは距離のある反対側の席に座っていた。

「ただささ」

とっておきの情報を教えてやろうとでも言いたげに、杉本氏が身を乗り出した。

「絶対何か共通点があるだろうって、色々聞きだした結果、その血だらけの運転手を見た女の子達は、何とそのとき三人とも生理中だったんだよ」

大発見だろう？　とニヤニヤしながら告げてくる杉本氏に、

「それ、令和の今ではセクハラですよ」

と、やんわり釘を刺させていただいた。

まだ当然のように大人数で会食ができた、平成が終わった直後の飲み会で、聞かせてもらった体験談である。

「ちょっと信じられませんね」

その飲み会に同席していたメンバーで最年少だった神田君が、苦虫を噛み潰したような顔で呟いた。心霊体験に懐疑的なのかと思えば、

「社会人が、毎週のように遊びに行ける余裕があっただなんて。バブル、まじ想像上の世界としか考えられないっす」

苦笑いとともに肩を竦めたお疲れ気味の神田君に、掛ける言葉が見つからなかった金曜日の夜であった。

チャイルドシート

二年前の春、秋野さんは父親になった。息子の名は大輔、祖父から一文字受け継いでいる。

大輔君が大きくなったら、二人で交互に運転して、遠くの町までドライブするのが秋野さんの夢だ。

目的地や宿は決めず、行き当たりばったりの旅行。考えただけで胸が熱くなったという。そのための第一歩、安心して車に乗せられる日を秋野さんは楽しみに待ち続けた。

初夏になり、いよいよ準備開始である。まずはチャイルドシートを買いに行かねばならない。妻は大輔君を寝かし付けようとしている。行くなら今のうちだ。秋野さんが出かけようと腰を上げたちょうどそのとき、玄関のチャイムが鳴らされた。

来訪者は夫婦連れであった。確か、妻の遠い親戚だ。結婚式以来、初めての訪問である。うっすらと顔は覚えていたが、咄嗟に名前が出てこなかった。岩田と名乗られて漸く記憶が蘇ったが、正直なところ何の用で来られたか想像が付かない。自分はもちろん、妻も余り付き合いがないはずだ。

戸惑う秋野さんに向かい、岩田夫妻は朗らかな顔で来訪の理由を明かした。

使う予定だったチャイルドシートが不用になったので、貰ってくれないかというのだ。

まるで計ったかのようなタイミングに驚きながら、秋野さんは岩田夫妻の車に向かった。

「ほらこれさ。オークションサイトで手に入れたんだ。二回しか使ってないから新品同様だよ。出産祝い、まだ渡せてなかったし」

指し示された物を見て、秋野さんは驚いた。有名なブランド品だ。品質も性能も抜群に良いのは分かっているが、それなりに高額である。ネットを検索中、こんなの誰が買うんだろうと苦笑していた製品に間違いない。

「いいでしょ、これなら絶対安心よ。少し古いけど、使ってもらえたら嬉しいわ」

見た目は完璧に新品である。これほどありがたい物はない。秋野さんは心から感謝し、チャイルドシートを受け取った。

岩田夫妻が見守る前で、早速取り付けてみる。高級な質感とブランドネームが、何とも心強い。

「それじゃ私らはこれで。今から二人で出かけなきゃならんのでね。その途中に立ち寄らせてもらったのさ」

改めて頭を下げる秋野さんの肩を軽く叩き、岩田は帰っていった。

居間に戻ると、妻がテレビを見ながら洗濯物を畳んでいた。

岩田夫妻と、チャイルドシートのことを報告すると、妻は表情を曇らせて言った。

「ああそうか、今日は命日ね」

岩田夫妻は五年前に子供を失っているという。秋野さんが結婚する前のことであり、知らないのも当然であった。

「確か、ドライブ中に亡くなったんじゃないかしら」

ドライブ中であれば、あのチャイルドシートに座っていたのではないか。二回しか使っていないのは、そういう理由か。

秋野さんは迷いに迷った。何となく抵抗はあるが、五年前、しかも見知らぬ子供が座っていただけだ。

嫌悪感よりも、愛する我が子の安全を第一に考えるべきである。正直なところ、あのブランドは単純に恰好良い。

よし、使おう。そうと決まれば早速、ドライブだ。秋野さんは大輔君が起きるのを今か今かと待った。

一時間後、大輔君が目を覚ました。お腹も満たし、オムツも替えてもらい、上機嫌である。秋野さんは早速、大輔君を抱いて車に向かった。

妻はスマートフォンで動画を撮りながら付いてくる。

「はい、では大ちゃんの初めてのドライブ出発です！　この日のために用意したチャイルドシートがこちらです」

妻はわざとらしくブランドネームをアップで撮っている。

「それではいざ、お座りください！」

大輔君をそっと座らせる。抜群の安定感だ。流石に値段だけのことはある。ベルトを装着されても、大輔君は落ち着いたものだ。

穏やかな顔で秋野さんを見上げている。

「大ちゃーん、こっちに笑顔くださーい。はいオッケー、良いわね、うちの子は最強に可愛いわ」

妻の動画撮影が一通り終わり、秋野さんは車に乗り込んだ。少し離れた場所にあるスーパーが目的地だ。秋野さんは、いつもよりも慎重に車を出した。

走り始めてすぐのことである。助手席で動画をチェックしていた妻が、唐突に悲鳴を上げた。

「止めて止めて、早く止めて」

驚いた秋野さんが車を路肩に停めると、妻は物も言わずに必死の形相で大輔君をチャイルドシートから降ろした。

どうしたか問う秋野さんに、妻は撮影した動画を見せた。秋野さんも思わず口を覆った。大輔君を座らせた瞬間、チャイルドシートの背後から真っ白な腕が伸びてきた。腕は大輔君を撫でまわし、抱きしめようとしている。

秋野さんは恐る恐る振り返り、チャイルドシートを見た。何も見えないことが、より恐怖を増してくる。ふと思い付き、自分のスマートフォンを取り出して撮影してみた。撮影中は見えなかったが、再生すると分かった。

白い腕が何かを探して蛇のようにうねうねと動いていた。

妻には大輔君を抱いて待っていてもらい、秋野さんは家に向かった。車を停め、鳥肌を立てながらチャイルドシートを外す。

外したシートは、とりあえず家の前の道に置き、妻の元へ戻ったという。

その後、チャイルドシートをどうするか話し合ったのだが、結論は出なかった。

オークションで売ることも考えたが、他人に迷惑を掛けたくないし、万が一返してくれと言われたときが大変だ。

車に乗せておく訳にもいかず、かといって家の中に置いておくのも嫌だ。生憎《あいにく》、家の外に物置などもない。

散々迷った挙げ句、使い難いからと理由を付け、秋野さんの実家に預けた。母は独り暮らしで、車の運転もできない。安全だと思われた。

その後、数日して母親から電話が入った。

「あのチャイルドシート、何かおかしくない？」

母親は、何となく誰かに頼まれた気がして、あのチャイルドシートに大きな熊のぬいぐるみを座らせたそうだ。

翌朝見ると、そのぬいぐるみは胸の辺りで二つ折りにされていたという。

個人売買

「自動車のパーツってさ、例えば今はエアバッグ全盛でしょ。どんな車にも間違いなく付いてる。でも昔はそんな装備はなかったから、改造するのも簡単だったんだよ」

若い頃、中古車屋に勤めていた時分に、館さんは車のカスタマイズにハマった経験があるという。昭和の終わりの頃の話だというから、大分古い話だ。

「車好きにはさ、パーツをいじってカスタムするっていうのがいるのよ。ステアリングをいじったり、足回りをチューンしたりとか。場合によっては後部座席全部取っ払っちゃって、ロールバーを入れてる奴とかもいるしね」

ただ、改造車として車体構造変更届けを出して実車検査に合格しないと、車検に通らない場合もある。

ある夜、館さんは車で峠を攻めに行った。すると休憩中に、古馴染みの安室から、車のパーツを買わないかと誘われた。

突然どうしたのかと訊くと、先輩の伝手から、車の改造用パーツを引き取ってほしいという話が来たのだという。パーツを三つ四つ纏めて持っていってもらいたいらしい。

「先輩がさ、見てもらって、俺の欲しいものだけでもいいし、纏めて買ってもいいって言うんだよ。もちろん纏めて引き取ったほうが助かるって言うんだけどさ」

「纏めて幾らだって？」

「先輩は三万円でいいって言ってるんだよ。安いだろ。そっから選んで、幾つか俺の車に載せてもいいかなって。だから全部引き取ろうと思うんだ」

「やたら安いな。でもお前の車に付かなかったらどうすんのよ」

館さんは浮き足立っている安室に忠告するつもりで言った。

そもそもそのパーツが特定の車の専用パーツだと取り付けることもできないし、今聞いた話だけでは、どんな素性のものかも分からない。だから現物を見せてもらえ。

そうアドバイスすると、安室は頷いた。

「それは分かってる。だからまず会ってみようと、売り主の連絡先を教えてもらったんだ。先輩の知り合いの知り合いらしいんだけど、直接面識ないから、よく分かんねぇんだよなぁ」

館さんは安室が詐欺に引っかかっているのではないかと疑っていた。何処からか盗んできたパーツを、面識のない人間に売り捌こうとしているのではないかと思ったのだ。

「そっか。今回の話、俺は別にいいわ」

「それならそれで構わないけどよ。でも、俺が買って使わないパーツがあったら、一つ五千円くらいで売ってやってもいいぜ」

「そのときは、また声掛けてくれよ」

その夜、安室とはそれで別れた。


次に彼から電話があったのは、それからひと月ほど後のことだった。やはり詐欺だったのだろうかと、館さんは身構えた。

「詐欺じゃないと思うんだけどさ。まぁ聞いてくれよ。色々変なこともあったしよ」

安室はそう言うと、パーツを受け取りに行ったときの話を始めた。

安室が電話を掛けると、男性が出た。彼は県道沿いの自販機が並んでいる広場を指定した。安室が指定通りにそこを訪れると、時間ちょうどに大柄な男が現れた。

パーツを買いに来たと伝えると、男は神谷と名乗り、付いてきてくれと言った。

自分の車をその広場に駐め、徒歩で五分ほどの道を移動すると、掘っ建て小屋のような車庫に着いた。その一角に、ショックアブソーバや、ステアリング、他にもメーター類が転がっている。

「これ一式全部で三万円で引き取ってくれればありがたい。個別だと一つ一万円くらいかな」

話通りだ。先輩は中抜きするつもりはなかったようだ。

「ちょっと手に取ってもいいっすか」

安室の問いに、神谷は頷いた。

確認すると、素人目にも品質が良いと分かった。使用感や目立った傷がある訳でもない。パーツ一つでも三万円以上で売れそうなものばかりだ。

汎用のパーツなら、螺子やボルトの大きさが合えば、車種を問わずに付くだろう。専用パーツでも兄弟車なら合うはずだ。そう考えて全部で三万円で引き取ることにした。

「そんじゃ三万円。今は全部は持って帰れないんで、大物は今度軽トラ持ってきます」

財布から一万円札を三枚抜き出して神谷さんに渡そうとすると、彼は受け取る前に人差し指を立てて言った。

「一つ伝えときたいことなんだけど、ノークレーム、ノーリターンだ」

何かパーツに不具合があっても、苦情は受け付けないということだろう。

散々使った後でクレームを入れて金を返せと言うのはルール違反だと、そんなことを言いたいのだろうと安室は考えた。そもそもが中古品の個人取引だ。しかもこんな捨て値のものに、何故わざわざそんなことを言うのだろう。

「ああ、大丈夫大丈夫。分かってますって」

その答えを聞くと、神谷は満足そうな表情を見せ、ドラム缶の上に札を置くと、その上に重石代わりの灰皿を乗せた。

翌週の週末に来ると約束して、残りのパーツを取りに行く算段を付ける。その日はステアリングを持って帰った。

約束の日時に軽トラを転がしていき、残りのパーツを積み込んだ。その中に、バケットシートがあった。シート類はアタッチメントを用意すれば、基本どんな車にも付く。ステアリングも同じだ。このシートだけで、売れば七万円くらいにはなるだろう。他にメーター類もあるが、これの装着は自分の手には負えないだろう。

「ノークレーム、ノーリターン。絶対に返品しないでね。頼んだよ」

この日、神谷からは三度念押しされた。


安室は積んできたパーツを軽トラから降ろすと、暫くは車庫に置いておくことにした。仕事が忙しくて、車をいじる暇がないからだ。

数日後、日付が変わる頃に会社から戻ってきた彼は、先日のパーツの確認をしようかと、車庫のライトを点けた。すると、パーツの横に男がうずくまっていた。

咄嗟に壁の時計を見ると、午前一時を回っている。何故こんな時間、こんなところに人がいるのか。パーツ泥棒か。

男の方に視線を戻すと、もう姿が見えない。何処かに消えてしまった。

物音一つしなかった。

あの野郎、どうやって逃げたんだ――？

だが、考えても埒《らち》が明きそうにないので、その夜は部屋に戻って寝た。

「そんでさ、何日か前に仕事が一段落したんで、今週末は久しぶりに峠を攻めに行こうと思ったんだよ。せっかくだし、付けられるパーツはあるかなって確認したんだ」

そもそも安室は、パーツを見ただけでは、メーカーはおろか、どの車種用なのかが判断が付かない。ただ、物だけは彼にも付けられる。ジョイント用のボスというアタッチメントを入手すれば難しい作業ではないからだ。エアバッグの内蔵されたステアリングが一般的ではない時代には、ステアリングの交換は、手軽な改造の一つだった。

自力で交換した翌朝、慣らしを兼ねて会社まで運転していると、いきなりステアリングがロックした。ハンドルを切ることができない。

不具合はパーツのせいだろうか、それとも車のせいだろうか。今の車は中古で買ったときもボロかったが、それからもう二年は乗り回している。

その日は仕事からの帰りに、車を知り合いの工場に運び込んだ。

工場の整備工は安室の先輩でユタカさんという。彼は仲間内では知られたメカニックで、面倒見も良く、腕も信用できる。彼に任せておけば間違いないはずだ。

安室はユタカさんに泣きつき、ステアリング周りを全部調整してほしいと伝えた。彼は後輩の頼みということもあって、大変丁寧に調整してくれた。これでもう大丈夫だろう。

そう思って工場から自走して帰る途中のことだった。今度は、何もしなくても車が左に左にと寄っていく。ハンドルはまっすぐにキープされているのにも拘らずだ。

おかしいと思いながら、ちょっとよそ見をした瞬間に、ぐっと左に寄ってタイヤが側溝に落ちた。まさか取り付けミスだろうか。果たしてユタカさんに限って、そんな凡ミスをするだろうか——。


「——館はどう思う?」

安室の話を長々と聞かされた館さんは、少し考えて答えた。

「四輪アライメントが取れてなかったんじゃないか」

しかし、安室は納得がいかないらしい。

「それでもいきなりハンドルは切れないだろ。いきなり曲がって、ガクンって落ちたんだよ。ユタカさんが、そんなミスをするってのも信じらんねぇよ」

更に、自力で最初から付いていたハンドルに戻すと、何でもなくなった。これも気持ちが悪い。入手したパーツが何か悪さをしているに違いない。安室はそう繰り返した。

「だから次の週末にあのパーツを峠に集まった奴らに売ろうと思って」

お前には先にそのことを伝えておこうと思ったのだと安室は言った。暗に引き取ってほしいということだろう。


その週も峠を攻めに行くと、休憩所にしている駐車場で、仲間が軽トラを囲んでいる。軽トラを運転してきたのは安室らしい。パーツを売り捌こうと、店を広げているのだろう。

「俺の車には付かない部品ばっかかなんだよ。でも全部で三万って安いだろ。纏めて買ってくれよ」

安室が泣きつくと、金髪に染めた女性の一人が声を上げた。

「あたし、車改造したいから買ってもいいよ。でも自分じゃ付けられないから、ユタカさん、やってよね」

女は、凄腕整備工のユタカさんにしなだれ掛かった。

そのやりとりを横目に、館さんはパーツの品定めをしていた。

彼は中古車屋に勤めていることもあり、車のパーツを見る目には自信がある。安室の持ってきたパーツには、十万円は下らないものも含まれているようだ。

それを見て不意に思い付いた。自分の車に付かなくても、ここで仕入れてお客さんに売り払えば良いのだ。誰も買わないようなら、纏めて譲ってもらおう。

「館よう、このパーツあの車に付けるとしたら、どんくらい掛かるかな」

こちらに気付いていたのか、突然ユタカさんが声を掛けてきた。

「あー。あいつの車じゃ、多分加工とかしないと付かないから結構掛かるぞ。多分二十万位はいくんじゃねぇかな」

そう答えると、女は肩を竦めた。もう安室のパーツに興味がなくなったらしい。

「安室、もし誰も買わないんなら、俺が纏めて買ってもいいよ」

館さんが声を掛けると、安室は笑顔を見せた。

「助かるよ。で、幾らで買う？」

「お前確か全部で三万で買ったって言ってたよな。そんじゃ半額の一万五千でどうよ」

「うーん。できれば二万円欲しいなぁ」

「なら二万でいいよ」

その場で財布から金を出して、安室に渡す。

「でも館の車じゃ、今は持っていけないだろ。纏めてうちの車庫に置いておくから、暇なときに持ってってくれよ。連絡くれればシャッター開けとくように言っておくから」

「分かった。近いうちに連絡するわ」


そうは言ったものの、ひと月の間は安室に連絡を入れることもできずに過ぎた。仕事に忙殺されていたのだ。

ある夜、痺れを切らした安室から電話が掛かってきた。

「パーツいつ取りに来るんだよ！」

ごめんごめんと謝ると、彼は「早く持っていってくれよ」と、急かすように言った。

「何。パーツが邪魔なのか」

「違う違う。怖いんだよ」

「怖いって何だよ」

「いやいや、何でもねぇんだけど」

館さんの言葉に安室は言葉を濁した。

安室が何を怖がっているのかも気になったが、それよりもパーツを受け取る話のほうが先だ。明日遅くでいいから取りにきてくれと言うので、必ず行くと約束した。生憎本人は留守らしいが、車庫のシャッターは開けておいてくれるとのことだった。

確かに待たせすぎたのは良くなかったが、こんなに急に取りに行くことになるとは思っていなかった。

もう二十三時を回っているが、約束は約束だ。館さんはその時間から会社の軽トラでパーツを取りに向かった。

安室の車庫は、約束通りシャッターが開いており、見慣れた車が駐まっていた。ライトが何処にあるのか事前に聞いていなかったので、軽トラのヘッドライトを点けっ放しにして運転席から降りる。

車庫に近付いていくと、不意にトントンと肩を指で突かれたような感覚があった。

だが、周囲を見回しても誰もいない。虫かと手で払いながら、車庫に踏み込む。

見上げると天井から裸電球がぶら下がっている。スイッチを探してひねると、周囲が明るくなった。

さて、パーツは何処だと視線を落とすと、車庫の隅に背中を向けた小柄な男がうずくまっていた。

不意を打たれた館さんは息を呑んだ。

こちらに向けて背を見せ、地べたに胡座をかいた男は、黒いナイロン生地のフライトジャケットを羽織っている。

それが急にこちらを振り返った。若い男だった。

表情は凶相とでもいうのだろうか、怒りと恨みの表情が刻まれていた。大きな目が館さんのことを睨みつけてきた。

だが、館さんも負けてはいない。

「――おい、お前誰だよ。やるなら受けてやんぞ」

声を荒らげて凄むと、男はもごもごと何か言った後に、すうっと消えてしまった。

それを見た館さんの全身に鳥肌が立った。安室の言っていた男だ。

目の前で消えたとなると、あれは幽霊なのだろう。

だが、気味が悪くても、代金を払っている。館さんは急いでパーツを軽トラに積み、その場を後にした。

彼は、勤め先の中古車屋に併設された整備工場に、それらのパーツを置いておく許可を取っていた。軽トラを戻しがてら工場にパーツを運び込み、仕事が一段落するまでは、その一角に置きっ放しにすることにした。


パーツを受け取ってから一週間ほど経った頃、突然社長が営業所に来て館さんを呼んだ。

「工場のお前のあの荷物、一体どうすんだ？」

「すんません。まだ行き場が決まってなくて――」

「売るんなら売る。片付けるなら片付ける。捨てるなら捨てるってしてくれよ。いや、何でそんなことを言うかっていうとな、実はお前のいない間に、ちょいちょい工場に入ってくる奴がいるんだよ」

社長はそれが気になるから片付けてほしいのだと言った。

「お前のいないときに、同じ男が来るんだ。いつの間にか荷物の横に胡座かいて、じっと見てんだ。お前の知り合いか？　お客さんの車もあるから、部外者が入ってくるのはまずいだろ」

「いや、そんな知り合い、いませんよ。パーツ欲しい人じゃないっすか」

「それならそれで目の前に事務所があって俺らがいるんだから、普通何か言うだろ。中古パーツ見せてほしいとか、入って良いですかとかさ。そいつはいつの間にか入ってきてて、そんで荷物の横で黙って座ってんだよ。本当にお前の知り合いじゃねぇんだな？」

「心当たりありませんね。そんじゃ来週までには片付けますよ」

「頼んだぜ。示しも付かないからよ」


そんなやりとりをした数日後に、今度は社長が先輩社員を連れて顔を出した。

「おい、何か昨日も来てたぜ。こっちが話しかけても何も言わないし、あのフライトジャケットの男は何者なんだよ」

——フライトジャケットの男？

先日、安室の車庫にいた幽霊も黒いフライトジャケットを着ていた。もしや、憑いてきたのか？

「この間も言ったけど、工場まで立ち入られるのはまずいからさ、いつも来られますけど、何か御用ですか？　って訊いたんだよ。そうしたらさ、こっち向いたけど目線が合ってねぇんだ。それでそいつ、返せって言ったんだよ。館、お前何か心当たりあるか？」

——返せ？　何を？　パーツか？

社長には心当たりはないと告げた。すると先輩が続けた。

「俺もこの間、その男に何か御用ですかって訊いたらさ、もごもご言うんだけど、会話になってないのな。あいつ、どっかおかしいのかね」

「何て言ってたんですか？」

「僕の、って繰り返すんだよ。そんなの意味が分からないし、ここの荷物はうちの従業員のものだからって伝えたんだよ。そうしたらいつの間にかいなくなっちまっててな。念のために訊くが、お前、何を持ち込んできたんだ？」

非難するような口調の先輩の発言に、館さんは、自分が仕入れてきたパーツの、そもそもの出自が分からないということに気付かされた。

——馬鹿野郎だ。回り回って詐欺にあったのは俺かもしれねぇぞ。

「ちょっとその辺りも含めて確認します。パーツは来週早々に何とかしますから——」

館さんは、安室を皮切りに、どういう経緯でパーツが自分のところまで流れてきたのかを洗い直すことにした。

まずは直前の持ち主だった安室に連絡を入れる。

「え、工場にどういう奴がパーツ見に来るって？」

小柄な男で、黒いフライトジャケットを着ていると伝えると、彼は、そいつのこと知ってるぞと言った。

「俺んちの車庫に来てた男に似てる。黒いフライトジャケットで、小柄な男だろ」

「おい。最初に売った奴、そいつのことを轢《ひ》いたりしたんじゃねぇだろうな」

「どうしてそう思うんだ」

「そいつ、幽霊だからだよ。お前んちの車庫の中で、俺の前で消えちまったんだ」

「幽霊だと」

安室は絶句した。何か心当たりがあるのだろうか。

「――そうか。俺も売り主のとこで何か事故を起こしたかまでは知らされてないわ。ちょっとこっちでも裏取ってみる」


その日の遅くに安室から折り返しの電話が入った。ただ彼が言うには、先輩の伝手で売り主の神谷に電話を入れると、彼は入院しているとのことだった。しかも、安室が病室まで行くと、車庫まで案内してくれた人とは別人物だったというのだ。

「病院に面会に行って、俺に売ったパーツを誰から買い付けたのか教えてくれと言ったらさ、きょとんとしてんだよ。俺、この状態でどうやってパーツの買い付けするのって言う訳。その声も、俺がやりとりした男とは全然違うんだ。何月何日に俺に三万でパーツ売っただろって聞いても、全然知らないって言うしよ。病院のほうにも確認してもらったら、俺から金を受け取る三日くらい前に事故って、それからずっと入院中になってんのよ」

「おいおい。いい加減なことを言うなよ。それじゃ誰かが嘘ついてるとか騙してるってことだろ」

「そんなの俺も分かんねぇよ」

安室もイラついている。一体自分達は何に巻き込まれているのだろう。

「待てよ。元々のパーツを持っていた奴がいるはずだろ。そもそも安室は一体最初に誰の家に取りに行ったの？　お前が紹介された売りたいって言った奴は誰なのよ。そいつは最初に買った奴と面識があるはずだろ。調べりゃ住所も分かんじゃねぇのかよ。いいからそいつの家まで行ってみようぜ」

ここから先は安室の記憶頼りだった。二人でパーツを受け取ったという車庫に向かう。

幸い、安室の記憶ははっきりとしており、受け渡しをした車庫に無事辿り着けた。

車庫の裏手には主屋があったので、事情を聞かせてもらおうと、インターホンを押す。

家主は突然現れた、派手な格好の二人に戸惑っていたが、丁寧に話を聞いてくれた。

家にフライトジャケットを着ている若くて小柄な男性はいるかと訊ねると、以前はいたが、一年も前に病気で亡くなったという。

「あの子でしょうか」

指差す先には、遺影があった。

確かに車庫で見た幽霊の顔と瓜二つだった。表情が心なしかむっとしている。訳が分からなかった。

家族に車のパーツについて訊くと、父親が車庫に案内してくれた。

「以前その辺りに、取り外したパーツがあったのは覚えているけれど、いつの間にか消えていたんでね。誰かが勝手に持っていったのだろうと思っていたんだ」

亡くなっている以上、本人が売れるはずはない。

「あれ、こんなところにお金が――」

車庫の隅に置かれたドラム缶の上に、灰皿に敷かれた状態で三万円が置きっ放しになっていた。安室が渡した三万円だった。

だが、結局、パーツを安室に売ったのが誰かは分からないままだ。

ノークレーム・ノーリターン。

あれだけしつこく繰り返した神谷を名乗る大柄な男が誰だったのかは、未だに分からない。ただ、黒いフライトジャケットを着た小柄な男は、その日以来、館さんの前に姿を現していないという。

取材の最後に、結局パーツはどうしたのかと訊くと、ずっと中古車屋の工場の隅に置いておいたそうだ。

「車屋って、ガラクタが一杯出るんだよ。俺が勤めてたところの社長もそうなんだけど、大体中古車屋なんて、もったいないお化けに取り憑かれている人達だからね。俺が置いておいたら、ずっと置いておいたまま。くず鉄屋に出すほどの量でもないからさ」

更に、転職した後もそのままにしておいたら、十年ほどして、処分したという報告が来たらしい。

「古くて売れない車も、十年くらい経ったら、ロシアとか中東とかに売っちゃうんだ。どんなポンコツな車でも持っていくブローカーがいてさ。どうせ鉄くずで持ってくなら、抱き合わせで持っていってくれって、俺のパーツも持っていかせたんだろ。国外に行ってしまったから、もうどうなってるのかなんて分かんねぇよ」

ほんとうのさいわい

紗和が行きつけにしていた居酒屋は、カウンターと座敷席一つ、テーブル席が二つしかない小ぢんまりした店だった。店主の人柄なのか居心地は悪くない。自分を含め、一人での来店客もそれなりにいた。

佑弦《ゆづる》もそんな客の一人だった。

お互い一人静かに飲みたいが故に通っていたので、単に顔を見知っていただけの間柄だ。店主を発端とした話題以外に言葉を交わしたこともない。

ただ、印象に残る客ではあった。明るく陽気な性格を思わせる見た目に反して、いつも一人でカウンター席に座っている。それだけならまあ、そう珍しくもなかったのだろうが、彼が目を惹いたのには理由があった。彼の分とは別に、隣の席に必ずもう一人分。お冷やお通し、飲み物等が並べられていたからだ。「視える」体質で心霊体験も多々ある紗和にしてみれば、まあそんなこともあるだろうくらいの感覚であったし、こちらから無闇に立ち入るものではないと心得てもいたので殊更《ことさら》意識することもなかった。

そんなある日、彼が突然話しかけてきた。

「あなた、この一年ずっとこれについて触れてこなかったでしょう」

これ、というのはもう一人分のお冷や飲み物のことだろう。

「それで何だか、とてもあなたに聞いてもらいたい気分になったんです」

――聞いてもらえますか。

「私でよければ」

気付けばそう答えていた。


佑弦には幼稚園からの付き合いの幼馴染がいた。父親同士も幼馴染で家も隣。幼稚園も小学校も同じ。名前も「佑弦《ゆづる》」と「光流《みつる》」で語感も似ている。

長じてからは流石に名前で呼ぶようにはなったが、元は「ゆうくん」「みっちゃん」と愛称で呼び合う仲だ。

性格は佑弦が明るいムードメーカーであるのに対し、光流は寡黙で大人しいが物事を常に俯瞰《ふかん》で見ることができる冷静さを持っていた。まるで正反対の二人だが、だからこそ相性が良かったのだろう。自分にないものを持つ光流に佑弦は尊敬の念さえ抱いていた。

このままずっと一緒に成長して、いつかお互い家庭を持つことになっても家族ぐるみで一生付き合っていくのだと信じて疑わなかった。

そんな佑弦ではあったが、一つだけ光流にも秘密にしていることがあった。

彼はある童話が大好きだった。早逝した作者の死後に刊行されたこの童話は、アニメにもなった有名な作品だ。星へ旅する列車を舞台に繰り広げられるその独特な世界観は、あらゆる年代に根強い人気を誇っている。

何故かその本を読むと切なくて、涙が出て仕方なかった。己は普段小説や絵本を読むような質ではないし、周囲からもそう思われている。そんな自分が絵本を読んで涙するなど。それを笑うような奴ではない、と分かっていても気恥ずかしさが先に立って、光流には黙っていた。

そんな細やかな秘密はあれど、それ以外では隠し事もない。相変わらず良好な関係のまま高校への進路を決める時期を迎え、佑弦は地元のサッカーの強豪校、光流は偏差値の高い自由な校風を謳った高校への進学を目指して塾通いを始めた。

進路が違えば、それぞれの生活のサイクルも変わってくる。塾の講習などですれ違うことも多い中で、それでも時間が合えば、これといった用事がなくとも互いの部屋を行き来した。元より隣同士の家である。僅かな時間でも顔を合わせ、勉強や雑談などして過ごした。

冬、雪がちらつき始めた頃のこと。

家の前で、佑弦が帰ってくるのと入れ替わるように隣家から光流が自転車で出てきた。

「今から塾か？」

「少し雪降ってきたから、自転車気を付けてな」

「うん」

「無理はしないよ。僕は佑弦みたいに運動神経良くないから」

そう笑って背を向けたのが最後だった。

その日の夜、光流は雪でスリップして歩道を乗り越えたトラックに轢かれて亡くなった。

塾での授業の後、分からないところを熱心に質問していて遅くなり、酷くなってきた雪に自転車を押して帰る途中での事故だった。

「顔は……見ないでやって」

光流の母にそう言われて、堪え切れず式場を飛び出した。それ程凄惨な事故だったのか。

苦しんだのか。苦しまなかったのか。何も分からなかった。

ただ、息子を失って打ち拉《ひし》がれている彼の両親に、それを口にさせることの残酷さだけは理解した。物心付いた頃から当たり前のようにいつも傍らにいた、寡黙で思慮深い友はもういないのだという事実がどうしても飲み込めない。信じたくなかった。

出棺に立ち会うこともなく佑弦は家に帰った。酷く、喉が渇いていた。冷蔵庫から緑茶のペットボトルを取り出す。いつもの癖で用意したグラスは二つ。

注いだお茶を持って自室へ向かう。ローテーブルに置き、普段の定位置に座る。このテーブルに課題を広げて二人で勉強したのはつい二日前のことで。向かい側にはいつも通りに光流が変わらぬ笑みを浮かべて静かに座っているような気がして。

堪らなくなった。喉をせり上がった熱は目頭を抜けて降りしきる雨のように止めどなく溢れ、頬を伝って落ちた。声を上げて、しゃくり上げて、泣いて、泣いて——。

いつの間にか眠っていたのだろう。突っ伏していた体勢からのろのろと身体を起こす。顔を上げた視線の先、向かいに置かれたグラスに覚えた違和感。光流のグラスだ。中身が半分に減っていた。

自分のグラスは既に空だ。もしかして自分のだけでは足りなくて、無意識に光流のお茶を飲んでしまったのだろうか。首を傾げながら、グラスの残りに口を付けた。味は普通の緑茶だ。ただほんの僅か、お香のような匂いがした。

それからというもの、自室に飲み物を持っていくときは必ず、光流の分も用意した。祐弦の母はそれを目にしても咎《とが》めることはしなかった。光流の分の飲み物は毎回、決まって少し目を離した隙に半分に減った。残りを口にすれば、微かに鼻腔を掠めるお香の匂い。

——光流はまだ、ここにいるんだ。

そう確信した。それからは一人での外食のとき、光流の分まで飲み物を用意した。それは全てにおいて、目を逸した僅かな間に半分減り、残ったものからはお香の匂いがした。

高校に入学し、佑弦はアルバイトを始めた。そうして自分の自由にできる金を手にした佑弦は、光流の命日に夜行列車に乗った。

二人分の席を取って。

二人分の駅弁と飲み物を買い。

光流と二人、あの童話のように。

実際は弁当と飲み物を空の席に置いて、向かい合わせに座るだけだ。だがそれは佑弦にとって紛うことなき「二人旅」だった。

汽車の振動にいつしか眠りに落ちていたようだ。夢を見た。光流が笑っていた。志望していた高校の制服を着て、向かいの席に座って佑弦の他愛ない話に相槌を打っていた。

目が覚めて異変に気付く。置かれていた未開封のペットボトルの中身が半分になっていた。もしやと光流の分の弁当を手に取る。これもまた、驚く程軽くなっていた。ペットボトルの蓋を開けて、残った中身を口に運ぶ。やはりお香の匂いがした。

弁当を開けようかどうしようか。見たいような、見るのが怖いような。迷った挙げ句にそのまま鞄に仕舞い込んだ。

終点。駅の路線図によれば、ここから少し先に行ったところに海があるらしい。駅員に海岸まで下りられる場所がある駅を訊いて、そこまで足を延ばした。

冬の海に軽くなった弁当を流した。帰りの汽車では光流の夢は見なかった。

ああ、弁当を海に流したから帰ったんだ。何故かそう思った。

高校二年の冬も、高校三年の冬も。

それから毎年、光流の命日には夜汽車に乗って海へ向かった。夢で見る光流は、彼が志望し行くはずだった高校の制服で、佑弦と同じように成長した。そして相変わらず他愛のない話をした。

「なあ光流、空と海の境界線って何で分かるんだ？　っていうか、お前見たことある？」

「見に行けばいいじゃない。明日、行くんだろ？　海」

「そうだった。でもさぁ、起きたら忘れちゃうんだよ」

「手に書いておけばいいんだよ。書いてあげようか」

「ばっか、やだよ！　お前そうやって前に俺の掌に落書きしたじゃん！」

「あはは」

大学に進学してからも、夜汽車の二人旅は続いた。

そうして大学四年の冬。忙しい合間を縫っていつも通りに夜汽車に乗った。卒業後、就職して仕事が忙しくなったら、もう夜汽車の旅は続けられないかもしれない。その日の夢で光流はリクルートスーツ姿だった。

「俺より似合うじゃん」

佑弦の笑いを含んだ声に、光流は少し寂しそうに笑った。

「無理はするなよ。忙しくなったら、僕のことは気にしなくていいんだ」

「無理なんかしてねぇよ。でも、でもなぁ」

——俺がお前を引き留めてるんじゃないかって、それだけが心配だ。

目覚めると頬が涙で濡れていた。ペットボトルのお茶は半分に減っていたが、向かいの席に置いた駅弁はずっしりと重かった。残されたお茶を飲みながら佑弦は泣いた。幼馴染との二人きりの旅は終わったのだ。

それからも、佑弦は一人の外食や自室では光流のための飲み物を用意した。だが、もう二度と半分に減ることはなかったし、お香の匂いもしなかった。

二月。佑弦の住む地方でも珍しく大雪に見舞われたある日。

「佑弦、佑弦」

久し振りに光流の夢を見た。

「明日の朝、家の前でうちの母さんを五分間だけ足止めしてくれ」

「おばさんがパートに行く前に、か？　何で？」

「何でも」

「……五分だな？」

「うん」

「起きたら忘れちまうから、手に書いてくれ」

　掌を差し出す。光流は苦笑いして「五分」と書いた。

　いつもより早めに目が覚めた。特に外出する予定はないが、妙に気が急いて、さっさと服を着替える。ふと己の掌に目が行って、佑弦は床に座り込んだ。

『五分』

　少し右上がりで癖のある字。慣れ親しんだ友の字を見間違える訳がない。勢い良く階段を駆け下りた。

「これ、佑弦！　床が抜ける！」

　母の叱責を聞きながら慌てて玄関を出る。ちょうど隣から、光流の母が出てくるところだった。

「おばさん！」

「あら、ゆうちゃん」

「おはよう、おじさんは？」

「もう会社行ったわよ」

この雪に就業時間までに辿り着けないことを懸念して、常より早めに家を出たらしい。

「おばさんも雪のせいで早めに出たの？」

「そうよ。ゆうちゃんは大学休み？」

「うん」

喋りながら光流の母はカーポートへ歩き出した。

「あっ、ねぇ待ってまだ待って」

「なぁに、どうしたの？」

「うん、あの、あのさ」

何か話さなければと思うのに、言葉が詰まって咄嗟に出てこない。

「あのさ」

引き留める理由も思い付かない中、ちらちらと車へ視線を投げながらゆっくりと移動を始める光流の母に、佑弦は嘘が吐けなくなった。

「今朝、夢に光流が出てきたんだ」

光流が亡くなってからというもの、佑弦は光流の母親の前で彼の話をするのを避けてきた。その佑弦の口から出た息子の名前。光流の母の足が止まった。

「光流がさ、今日の朝、おばさんを五分だけ足止めしろって」

手を開いてみせる。

「俺は忘れちまうから、掌に書いてくれって言ったらさ、これ」

光流の母は震える手で口元を覆った。大きく見開いたその目から大粒の涙が溢れる。

「光流……」

母親だから分かるものもあるのだろう。佑弦の掌のそれは間違いなく光流の筆跡だ。手で口を押さえたまま嗚咽《おえつ》を漏らすその肩を支えて、背中を擦る。

その刹那《せつな》、ドカンッ、と大きな衝撃音とブレーキ音が響いた。大通りのほうだ。光流の母の通勤路でもある。暫くして大勢の人の騒ぐ声がした。何事かと驚いて大通りへ出る交差点へ歩いて向かう。

信号待ちをしていた先頭車両にダンプカーが突っ込んでいた。事故に遭った車両はノーズが長めの四輪駆動車で、フロント部分は見事に潰れていた。光流の母の軽自動車であったなら、ひとたまりもなかっただろう。

ゆうちゃん、と震える声が佑弦を呼ぶ。

「あの子、あの子が助けてくれたの？」

返事をする代わりに涙が溢れた。光流の母と二人、声を上げて泣いた。事故の様子を見に来た佑弦の母親が二人を見つけて、何も訊かずに家に連れて帰った。

佑弦の家のリビング——そのテーブルの上には淹《い》れたばかりの珈琲が四つ。それぞれの好みに合わせてブラックと、砂糖入りと、ミルクと砂糖が入ったものと、馬鹿みたいにミルクを注いで砂糖を入れたもの。

「何で——さっきまでなかったのに」

淹れた覚えのないものを前にして、佑弦の母が驚いている。

「飲もう。飲んで。おばさん。光流が淹れてくれたんだ」

佑弦の母と、光流の母と、佑弦と。泣きながら珈琲を飲んだ。ミルクと砂糖入りの珈琲は、三人が目を離したほんの僅かの間に半分に減っていた。微かにお香の匂いがした。

佑弦の母が光流の母を送っていく間にリビングで転寝《うたたね》をした。光流の夢を見た。さよならだと、そう言う。

「もう行くのか」

「うん」

「どこに行くんだ?」

光流は少し困った顔をして、小さく笑った。

「〈ほんとうのさいわい〉を探しに」

――じゃあね、ゆうくん。ばいばい。

本の中のフレーズを口にした幼馴染に手を伸ばす。知っていたのか。

「みっちゃん！」

叫んで飛び起きた。二階の自室へ駆け上がる。いつも隠すように鞄を置いている場所だ。本棚の一番下の端。そこにあるはずの本を探した。

何度も何度も擦り切れるほど読んだ、大好きな本はどれだけ探しても見つからなかった。

これは悲しい話ではないのだと佑弦は笑う。自分には最高の幼馴染がいる、そういう話だと。

「何でかな、今日は聞いてほしくて」

ありがとう、と頭を下げる佑弦に紗和は細やかなお礼を願い出た。

「あなたとあなたのお友達に、私のお気に入りを奢らせてください」

嗚咽を堪える店主に頼んで、グラスを二つ。

それっきり佑弦とは逢っていない。店にも「来なくなった」とのこと。

酔っていたので、グラスの酒がどうなったかについては覚えていない。

著者あとがき

雨宮淳司

よく夢に出てくるのが、廃止された北九州市の路面電車だ。風景は様々で水没地帯を走るのも覚えていた。なので「千と千尋の神隠し」を見た時にはあまりに似ていて吃驚した。初めて実体験を書きました。真夏に見た飛行機はどこへ向かっていたんだろうと晴天に飛ぶ機影を見るたびに思います。

煙鳥

運転するのも列車に乗るのも好きです。飛行機も船もです。つまり乗り物全般が好きなんですが、ここしばらく遠出できていないのが残念。気ままに旅がしたいです。

神沼三平太

鉄道、自動車、バイク、航空機、船舶に至るまで乗り物が好きな私にとって、ある意味でご褒美のような一冊となりました。心霊体験は御免ですが、旅行へ出かけたいですね。

高野 真

幼少時、車に轢かれたことがある。歩道などにおいて「もし、誰かが私に向けてハンドルを切れば死ぬかも」と今も怯えている。基本的に乗り物全般が怖い。

高田公太

飛行機とバスに乗ることが好きです。全く飲めませんが、芋焼酎探しに宮崎鹿児島に行くことが多いです。車の運転はしないので、バス会社さんにはお世話になっています。

橘 百花

肉体は魂の乗り物という言葉があります。私自身の乗り物は随分古びてきましたが、できる限り頑張って走りたいものです。

つくね乱蔵

戸神重明
内藤駆
ねこや堂
服部義史
久田樹生
松本エムザ
渡部正和
加藤一

今回で『恐怖箱』からは卒業させていただくことに決めました。読者の皆様、加藤先生、関係者の皆様、長い間、大変お世話になりました。どうもありがとうございました！

私は交通事故で、たくさんの親族や知り合いを亡くしています。もしかしたら、その中には怪異によるものもあったかもしれません……。

時世柄、大っぴらにあちこち出かけられなくなりましたね。おかげで出不精に拍車が掛かりました。まあそのせいなのか、ウチの猫達も飼主に似てデブ性になりました。

このお話を聞いた後の感想は、何とも言えない儚げなものを感じました。体験者さんにそれを伝えると、「それがシンソウなんだと思います」とのことでした。

乗り物テーマの奇譚ルポルタージュです。幾度か読み直して頂けるといろいろなものが浮かんでくるかもしれません。

一人一台、車を所持するのが当然な車社会の地方在住者です。共著者の皆様がお持ちになったお話を拝読し、恐怖で車に乗れなくなったら死活問題だなと震えております。

乗り物に関する怪異は、利用する頻度が高いせいもあるのか、結構耳にします。その中でも、背景を想像するだけでじわりじわりとくるものをご紹介させていただきました。

不動産怪談と並んで多い乗り物怪談なんですが、交通事故に絡んだものが多いこと多いこと。幽霊が出てこなくても交通事故は怖くて危ないので一日一善交通安全。

本書の実話怪談記事は、恐怖箱 亡霊交差点のために新たに取材されたものなどを中心に構成されています。快く取材に応じていただいた方々、体験談を提供していただいた方々に感謝の意を述べるとともに、本書の作成に関わられた関係者各位の無事をお祈り申し上げます。

恐怖箱 亡霊交差点

2021年12月6日　初版第一刷発行

編著……………………………………………………………………………… 加藤 一
共著……雨宮淳司／煙鳥／神沼三平太／高野 真／高田公太／橘 百花／つくね乱蔵
／戸神重明／内藤 駆／ねこや堂／服部義史／久田樹生／松本エムザ／渡部正和
カバーデザイン…………………………………………………… 橋元浩明（sowhat.Inc）

発行人………………………………………………………………………………後藤明信
発行所…………………………………………………………………………株式会社　竹書房
〒102-0075　東京都千代田区三番町8-1　三番町東急ビル6F
email: info@takeshobo.co.jp
http://www.takeshobo.co.jp
印刷・製本………………………………………………………………中央精版印刷株式会社
